怎樣在美國買房子

HOW TO BUY HOUSES IN AMERICA

曾曉希 著

美國生活叢書出版

New York, New York

U.S.A.

怎樣在美國買房子

HOW TO BUY HOUSES IN AMERICA

ISBN 0-9660313-1-8

聯絡與郵購地址:
K. Zeng
P.O. Box 1027
128 East Broadway
New York, NY 10002-9998

目錄

前言

第一章 為什麼要買房子 **1**

一、 擁有自己的房屋是美國夢的一個重要組成部份　　1
二、 買房子是最佳之一種長期投資　　2
三、 擁有住房在稅務上的獨特好處　　3
四、 買還是租合算?　4
五、 歸屬感、進取精神與吉運　6

第二章 怎樣計算自己的能力/ 決定買什麼價格的房子 **11**

一、 購買支付力和借貸力　　11
二、 首期與每月供款　13
三、 銀行審批的標準及二類市場的影響　14

第三章 怎樣選擇住宅區 **17**

一、 "地點、地點、地點!"　　17
二、 治安　18
三、 學區　18
四、 交通　20
五、 生活設施方便程度　21
六、 地區的變化趨勢　22
七、 地圖研究　23
八、 實地考察　24
九、 收集資訊　25

第四章 怎樣選擇地產經紀 **27**

一、 地產經紀運作　27
二、 傭金制度　28
三、 怎樣找可靠得力的經紀　29
四、 投訴經紀　33

第五章 怎樣選擇房屋種類 **35**

一、 常見房屋類型與建築結構特點　　　　　35

• 獨立屋還是連幢屋?　　36
• 新屋還是舊屋?　　37
• 磚屋還是木屋?　　41

二、 地形對房屋的影響　　42
三、 制訂條件取捨,決定必需與可接受範圍　　　44
五、 風水方面的考慮　45

第六章　怎樣初驗房屋 47

一、幾點忠告和準備　47

二、房屋的外表　48
1、房子是否平正穩固?　49
2、瓦頂與雨槽　49
3、外牆材料 (siding)　51
4、其它外觀部位　　　　　　52
5、警惕房屋增建部分　53
6、整體印象　54

三、房屋的結構與總體堅固程度　54
1、基礎　　55
2、屋架結構　　58
3、房屋結構設計的種類　　60

四、房屋的內部　　62
1、房間布局　　62
2、廚房　　64
3、浴室　　66
4、客廳　　70
5、家庭起居室　　72
6. 臥室與壁櫥　　72
7、內牆、地板與樓梯　　74
8、鍋爐與冷暖氣系統　　77
9、保溫\隔熱性 (Insulation)　　79

五、其它幾個應該注意的部位　　80
六、危害性物質與蟲害　　87
七、海濱地區防風暴要求　　89

第七章　怎樣談判與簽約 91

一、出價　93
二、談判價格以及附加條件　94
三、找律師簽約　97
1、雇請得力可靠的律師　97
2、正式簽訂合約　　100
3、律師要為你做的其它事　　　102

第八章　怎樣申請貸款 107

一、貸款種類簡介　108
1、固定利率貸款　　108
2、浮動利率貸款　　110
3、浮動——固定利率轉化型貸款:　　112
4、其它特別貸款項目:　113

二、申請貸款手續程序　115
1、二類市場準則及其影響　　115
2、點數 (points)　117

3、選擇銀行及貸款商　　119
4、收入與信用調查　　121
5、其它關于財務的問題:　　　125
6、過戶費用估算與房屋估值　　126
7、貸款批準承諾書　　128
8、萬一申請被拒怎麼辦?　　129

第九章　怎樣辦過戶手續 **131**
一、過戶前的準備　　131
二、過戶所需費用的精確數額　　　133
三、過戶時簽署的主要文件　　134

第十章　怎樣做新屋主 **139**
一、付月供與保險　　140
二、其它開支預算　　141
三、裝修、改善與家具、裝飾品　　141
四、小心雇請裝修匠　　143
五、房產的稅務問題　　145
六、房屋買賣盈虧與稅務關系　　148
七、出租房屋部分的收入　　　150
八、家庭辦公室稅務　　151
九、搬遷費用的申報　　152
十。房屋的正常維護　　152

附錄: **157**
一、中英對照房屋買賣常用詞淺釋　　157
二、貸款本金每千元之月供數額表　　162
三、各類型房屋介紹　　163
　　房屋的分層種類　　163
　　房屋的外觀式樣種類　　167
四、房屋各部位圖解　　177
　　基礎部分　　177
　　構架部分　　179
　　房屋結構的種類　　182
　　門與窗　　186

前言

　　美國是一個自由而充滿了機會的國家．成千上萬的移民從世界上每一個角落湧向這個新大陸，寧願背井離鄉，不惜千辛萬苦，目的就是要在這個國度里開創一個屬于自己的天地，讓家人過上自由充實的生活．

　　從傳統上來看，購屋安居、創建自己的生意事業、讓子女得到良好的教育，就是移民的"美國夢"最主要的組成部分．

　　然而，我們畢竟是生活在一個外國的環境里面．文化背景、言語障礙、商業習慣、法律及稅務制度等等方面的不同，在一定程度上給我們造成困惑，加重了我們實現目標的難度．可以說，這是一般人一生中所經歷的最復雜的一種交易．不要說新移民，就是受過高等教育的美國人，即使是有過買房子的經驗，大多數也還是對此了解不多．

　　在買房子的過程中，我們會遇到各種各樣的問題：

　　－－我可以或應該買多少錢的房子？可以從銀行貸到多少款？
　　－－怎樣選擇住區以及什麼結構的房子？
　　－－怎樣驗屋，避免買到毛病多的"檸檬屋"、冤枉花費金錢和精力？
　　－－怎樣雇請專業人士處理各個階段的具體程序？
　　－－怎樣申請貸款以及選擇不同的項目？信用不夠應該怎麼辦？
　　－－談判、簽約及過戶時要注意些什麼？
　　－－怎樣避免上當或是做出不明智的決定，以及怎樣投訴以討回公道，等等．

　　我們需要對這些問題做一番深入的了解，才能使自己心理上有所準備，有計劃地做好這件人生的大事．

　　爲了幫助我們移民充分了解買房子的程序，渡過可能遇到的難關，本書綜合了各行業專家闡述的要點和經驗，用淺明易懂的方式，詳盡分析買房子各階段的步驟和要領，并提供了有用的相關資訊和圖表以供查閱參考．

幾點值得注意的地方:

本書所叙述的内容大致上適用于美國的大部分地區。但是，由於美國地幅廣大，各州各地的法律、管理規定、商業習慣、以及地方特點可能有不同于慣例之處。所以，讀者應該在了解本書内容之後，也盡量比較一下當地的實際情況，以免誤會。

可能不同的地方包括: 税法、地産經紀法、房屋建築規定、公校制度、銀行貸款規定和實踐、律師運作方式，等等。

法律，特別是税法是會不斷變化的，今年適用的條款明年可能就過時了。因此，讀者應該不僅隨時留意了解變化，更重要的是在必要的時候及時請教專業人士，以便獲得最新最可靠的資訊。

買房屋是一種復雜的交易，牽涉到很多方面的問題。本書只是綜述一般性的常識。即使就是這些常識方面，專家們的見解也是有分歧的。讀者不應該每一點都絶對化的聽信不疑，更不要聽到不同的説法就馬上改變主意，給自己造成困惑。正確的態度應該是以開放的心胸聽取不同的意見，結合自己的體會認識，對不同的情況加以不同的具體分析，從而做出冷靜明智的決定。

各人的喜好、習慣以及具體情況有不同，別人都説好的東西并不見得適合於你。對常識了解當然是越多越好，可是最終你還是要自己來分析、判斷、做決定的。

第一章　爲什麼要買房子

> **本章要點:** 　實現美國夢．　買房產是最佳之一種長期投資．　擁有房產可享有稅務上的獨特好處．　享受自己喜愛的生活方式．　增加生活情趣與成就感．　買比租合算．房產有助吉運．　什麼時候買房子最好．　應該做些什麼準備

一、擁有自己的房屋是美國夢的一個重要組成部份

　　幾乎所有的移民來到美國都是夢想着有一天能擁有自己的房屋的．　傳統移民大多數從事本地人所不屑于做,或是不能忍受的工作．他們能忍受低工資、長時間的辛勤勞動,盡量減少消費享樂,努力節省積蓄,　就是爲了達到幾個目標:1.買房置產,安居樂業; 2.讓孩子受良好教育進入主流社會; 3.開創自己的生意．　這些是移民衡量成功的基本標準。

　　應該說,　美國這個新大陸確實具備着讓移民成功的環境．　上述目標如在其它國家對于移民來說,恐怕都是只能停留在夢想階段而已,能達成的只是例外而非慣例．而在美國,可以說只要努力肯干,都可以一步步達到,時間也不需太長。

　　就房子而言,美國式建築享有公認的高聲譽．　以其寬大、用料講究、設備完整、舒適實用而聞名世界．　而且價格相當公道．　對于從亞洲地區來的移民來說,普通住屋從閣樓到地庫皆有幾層、各種廳堂廚浴一應俱全; 熱水、暖氣、中央空調、設施之齊備; 外加花園庭院、車房等等,在其母國不啻爲只有富人才可擁有的、遙不可及的奢夢．而在美國卻屬于勞工階層都家家可擁有的普及。

　　美國地大物博、經濟發達、工藝先進、材料講究,　人們對生活品質要求很高．　加上自由競爭,不斷推動房地產建築業的發展．美國政府鼓勵 "居者有其屋" 的政策,　也有力地促進了房屋建築業的持久蓬勃．另一點很重要的是:　對于我們來說,　移民可以基本上不受歧視地購屋置業,比起其它國家來說,確實是難能可貴的。

據聯邦政府1996年10月統計, 目前美國有65%的家庭是住自己的房屋里的. 60年前這個比例只是30%而已. 到了八十年代, 盡管人口增加了很多, 擁有房屋的比例卻幾乎到了2/3以上. 然而八十年代瘋狂上升的房價 (有的地區每年遞升30%以上), 高居不下的利率 (最高峰時到16%), 使購屋時數量有所下降. 到了九十年代以來, 地産市場普遍疲弱, 利率也大幅下降 (最低時在 6.5%左右), 人們可以比從前更容易些購買房屋. 這對于我們來説是個大好時機, 應該努力盡早爭取實現房屋夢!

二、買房子是最佳之一種長期投資

買房産一直是人們最熱衷的投資方式之一. 從長期獲利方面來看, 很少有其它類投資比得上住宅房産之穩健. 它 持續成長、易于管理, 同時又供給投資者舒適的居所和生活環境.

美國人一般在相當年輕時就努力買下一所能夠安置家庭的住房, 雖然開始時供屋比較吃力, 生活開支較緊張. 但隨着收入逐漸增加, 慢慢也就變得寬松了. 等到孩子大些時, 房屋的淨值 (房子價值減去尚未償付的貸款部份) 也隨着地産市場的普遍升值而大大升高. 他們便將這起點屋 (starter home) 賣掉, 用拿到手的錢 (常比當初買屋時付出的多出很多) 用于購買另一所更大更好的房子, 以滿足成長中的家庭之需要. 這種升級活動 (trade-up) 可能會進行幾次, 直到真正買到了 "夢想屋" (dream house)才罷手.

而當他們退休時, 孩子們也都長大自立, 有了自己的住宅. 他們就不再需要太大的房子了. 于是就賣掉 "夢想屋," 得到相當一大筆錢. 除用一部份再買 (或租) 小型的退休住房 (或公寓) 外, 其余部份便可用于安享晚年.

這是一筆相當可觀的錢! 經過多年的供屋, 貸款已經付清 (或是所剩無幾), 房産也升值遠遠超過買進價. 如時間夠長, 升值會達到十幾倍甚至幾十倍之多! 難怪我們常看到美國老先生、老太太們衣冠整潔, 容光煥發, 在世界各地樂悠悠地漫游呢! 如果你去賭城, 一定會見到成群結隊的老人們整天整夜地搏運氣消遣. 根據統計, 如果沒有老人群的光顧, 賭城就會支撐不住!

除了他們從年輕時就做了相當周密的財務計劃, 如退休金、 投資、 還有社會安全養老金 (Social Security) 外, 購置房産也是保證老年過優裕生活的重要一環。 如果說, 買屋供屋是一種零存整取的儲蓄, 一點也不夸張. 效果甚至于遠好過在銀行里存款!

從單純投資效益來看, 除很少數幾種方式 (如股票證券市場、 直接生意投資) 外, 房産亦屬于最好的一種. 通常高效率投資風險也必然大, 而住家房産則不然, 普遍比較穩妥. 別忘了, 還有一點是其他投資所不能比的地方: 你每天都在實實在在地享受你的住宅! 而買股票的話, 不單是時時擔憂, 恐怕也很少有機會去真正享受它的存在.

三、 擁有住房在稅務上的獨特好處

不容爭辯, 美國是一個多稅制的國家. 以個人爲例, 不單要交聯邦收入所得稅 (或稱入息稅), 還有州及地方稅、 購物稅、 奢侈品附加稅、 以及高額的遺産繼承稅、 等等, 五花八門. 可說是從收入、 投資、 消費到積蓄, 無不納稅.

在1986年稅制大改革後, 政府更是幾乎取消了所有有關貸款利息部份可以抵稅的鼓勵消費政策. 信用卡利息、 汽車貸款利息等都不再可以申報抵稅. 唯獨只有房屋貸款的利息部份碩果僅存, 未予取消. 這與 "居者有其屋" 的傳統國策精神有關.

現在對普通人來説, 只要你的房産值不是太高 (如一百萬以上), 你所支付的兩所住屋的貸款利息部份, 及地産稅 (交給地方政府) 都可以申報到聯邦所得稅中扣除. 換而言之, 山姆大叔網開一面, 用優惠稅法來鼓勵你擁有自己的住房!

政府鼓勵買房更表現在: 即使你投資房産獲利也可優惠 (其它投資獲利則必須馬上納稅). 如果你象大多數美國人一樣, 住了十年左右便賣出住房, 賺了一筆錢, 只要你用這筆錢去買另一所相當于售價 (或高于售價) 的住宅, 你是不用爲賺到的利潤部份付稅的. 而且當年買屋時所花的律師費、 手續費等, 再加上歷年裝修、改良所花的開銷費用，都可以當作成本從出售價中減出。 可謂相當公道。 等到你最終出售 "夢想屋" 後， 而不再買進相當價格的住宅時， 你才需要交納其利潤部份的稅。 但是，如果你已達到55歲，而售屋利潤不超過十二萬五千元的話，政府又特別 "開恩" 免掉這部份的稅務！

　　　　對于深感稅務負擔沉重的工薪階層 (包括中上收入的主管階層) 擁有住屋帶來之稅務上的好處是非常明顯、非常重要的。 特別是開頭幾年，當每月供款的絕大部份都屬于貸款利息時，這種抵稅的好處是無以擬比的！

四、買還是租合算？

　　　　對大多數人來說，買房要劃算過租房。 當然，買了房子會增加很多的責任、開銷和麻煩事。 但這些都是屬于投資的一部份，實現的全部利益是最終屬于自己的。

　　　　但對少數人來說，買房子則沒有什麼吸引力。 例如有些人住的是多年前承租的租金管制 (Rent Controlled) 公寓，每年租金只能以政府規定的一個很小的百分點比例上漲。 租金是人爲的异常低廉。 象紐約曼哈頓寸土寸金的中城、上東城區不少寬大舒適的公寓居然有的每月只租百把元的！ 皆因房客很多年以前就租下了，不但一直不搬走，直系後人還可以續租。也不管房客的收入多少。不少人年薪相當的高，買房子根本不成問題， 但何必呢？

　　　　如果你有幸住在這種租金管制型公寓，只付象征性的租金，只要條件夠好，熱水暖氣供應充足 (法律規定不可克扣)，住得舒服方便，則何樂不爲？ 如果講到投資效益，也不一定要買房產. 一來因爲一旦房東查到你擁有房產，他便有權叫你搬走；二來你可以將住宿方面省下來的錢用于投資股票證券市場，獲利也許更爲可觀。當然，這樣你也不會享受到擁有自己家園那種獨有的生活情趣了。

　　　　對我們大多數租房住的人來說， 運氣卻沒有那麼好！ 租并不便宜！ 很多情況下，如果你買房，先付了 20%首期，每月付出的貸款可能也就相當于你以前的租金。房子是自己的， 當然舒服多了！ 最重要的是，你付貸款是供自己的房子，而付租金則只不過是幫房東供房子罷了！況且租金是不可以用於減扣收入所得稅的，是真正的"花掉了"，或如俗話所說的："扔到水里去了"！

如果將貸款利息抵稅後得到的好處來計算的話，自己的房子開銷中相當一部份都拿到聯邦政府那里去"報銷"，自己實際付出的要少30%左右。根據專家的統計，以平均美國家庭爲例，買房子的人之實際開銷比租房子的一年相差不到15%而已。如買房子的花費了六千元一年，租房的一年也要開銷五千元左右。

所以，衡量置業投資、歸屬感、稅務好處、增值潛力諸方面，買房子確實是劃算過租房子。

租房的另有一個問題，就是住得舒服與否，很大程度上要由房東的慷慨程度與其他房客的合作來決定。如果房東小氣，沒有供應足夠的暖氣、熱水，沒有及時維修、更新基本設施，就會大大影響居住條件。如果住在公寓大樓，眾房客還可以聯合起來抗租 (rent strike)，如住在私家公寓住宅，則可能因有礙情面而忍氣吞聲。畢竟中國人不象美國人那樣"愛找麻煩"。

其他房客合作也很重要。如果自覺維護周圍的清潔衛生、保持安靜就最好不過。但如果有一兩戶人家不自覺，隨意弄臟環境、亂倒垃圾、或是吵吵鬧鬧，常邀來三朋四友深夜派對；或通宵打牌，都會弄得很不愉快，又不便傷和氣弄矛盾，令人非常難堪。

另一方面，如果房東或是某房客過份管束干涉，如一點雜音也要埋怨投訴，限制小孩正常活動，游戲或是偶然來訪的客人等等，也是令人難以忍耐的。相信很多租房的人都有這些頭痛的經驗。

另外，即使是租到那種很合算的租金管制公寓，也不可不防一點：法律是可以變化的。由於太多公寓受到租金管制，很多地區公寓地產呈現低迷甚至荒廢況態。房東每月虧本，也是不正常不合理的現象。不少人便故意遺弃產業。地產開發商也對這種物業缺乏興趣。這些現象時常引起保守派政治家的抨擊。如果有一天爲了挽救都市公寓市場的頹勢，刺激重振開發，政治家們亦可能贏得足夠的支持去取消這一管制。也許這種局面的改變比你所想象的會來得快，特別是在當今美國政壇保守勢力當雄的時代.

　　在租房的環境下, 你自己一家人的生活方式要受到別人的影響和約束. 如果自己擁有住宅, 特別是獨立式房子, 你便有了充份的自由. 別忘了, 自由也是我們移民來美的重要目的之一.

五、歸屬感、進取精神與吉運

　　擁有自己的住宅, 會産生一種歸屬感, 一種安慰和安全感. 這是很少其它東西可以比較的心態. 有了一個地方可以真正稱之爲家, 對于孩子來說特別重要. 從小在自己的家園長大, 不但感情特殊, 長大了以後也會努力去開拓自己的家園.

　　正因爲這份情感與心態, 你不會怕麻煩和辛苦, 去努力維修改良房屋庭院. 樂在其中, 有一番生活的新情趣. 從簡單的布置, 選購家俱與擺設品, 到復雜的裝修美化, 都要求全家人熱心的投入, 共同的努力. 這也是增進家庭價值觀的一種方式.

　　擁有自宅還有其它方面的用途. 比如可以以房屋抵押申請到特殊用途 (如子女大學教育、生意投資) 的貸款, 以解決暫時的困難. 有了產業, 辦起事來比較容易獲人信賴. 所以說, 是有了一個進取的基地. 從中國傳統的儒家、道家思想來看, 這也是人生的一個新階段. 所謂 "修身、齊家、治國、平天下" 的抱負也包含了這層涵義. 事實上, 成功人士大都擁有堅實穩固、格調不凡的住宅爲事業做襯托. 風水理論亦相信房屋要以主人身份相配以助自己運道. 難怪富有階級都擁有豪宅巨舍, 氣勢奪人.

　　腳下堅實, 方可邁出更大步伐, 獲得更大成就, 這是沒錯的. 擁有感本身就是一種氣概, 不願 "寄人籬下". 而是要掌握命運, 做自己的主人. 有了這種氣概, 成功只不過是遲早的問題!

　　所以說, 擁有房產是一種吉運的表現.

＊什麼時候買房子最好？

簡單的回答是: 當你已經有條件并做好必要的準備時。 而不是以外部世界的變化來決定的.

房地産市場有升有跌, 利率有上有下, 這些是人們無法預料的。 近十幾年來, 地産與利率都經歷了令經濟學家跌破眼鏡的大起大落階段。 但綜觀幾十年趨勢, 擁有房産仍是最劃算的投資之一。 所以即使光從投資利益上來說, 越早擁有房産越可以充份享受其利.

更重要的是, 房子是用來住人的。 早一天住入自己的房屋, 早一天享受自己所喜愛的生活方式。 畢竟人只活一世!

不少人擔心自己進入房地産市場的時機。 利率是否跌到底? 或是房價還要繼續下跌? 其實這些問題不單單是不可預料的, 而且一般來說對你的影響也不特別大。 除非利率出現象八十年代那種離譜的高峰期, 令人們無法承受貸款的負擔。 但那時地産升值也是出奇的快。 在利率達到16%左右時, 不少地區的房産增值更在每年遞升25%至35%之間! 關鍵在于你自己的支付能力是否夠强。 如果夠的話, 便不需太擔心整個市場走向。 換而言之, 當整個市場疲弱時, 你可揀到 "便宜貨", 但不能指望立即增值; 當市場勁旺時, 你必須忍痛買 "硬貨", 但卻可以指望很快 "撈一筆" !

畢竟 一般人買房産并非爲了投機性投資、 轉手炒賣, 而是爲了自己居住。因此對短期利益不必斤斤計較。 萬一買時利率過高, 以後跌很多 (2%至3%以上), 還可以再重新貸款 (refinance)。 不過要多花幾千元手續費。 如果是長期投資還是劃算的。 如果只是短期計劃, 你也可不必重新貸款, 而將房子賣出再買.

當然, 在買房時, 季節性有一定 的影響。 主要是心理因素上的影響。 有人說冬季買房最好, 秋季次之, 春夏季最不好。 原因在于: 冬天萬木凋謝, 一片荒涼, 使房屋從外觀上顯得灰溜溜不那麼可愛。 買主看屋時會比較客觀, 少受外觀印象的影響。 而在屋主方面, 由于冬季暖氣開支大, 倍感負擔沉重, 心急欲快出手. 春暖花開後, 房屋顯得生機勃勃, 感觀變好。 屋主終于熬過了開銷最大的季節, 面臨着賣屋高峰期的幾個月時間, 心里比較沉着, 不大急着削價求售。 而且計劃買房子的人群也紛紛出動, 賣出的機會較大。每年政府的統計都顯示三月到十月之間售房紀錄最高。

這些都是有一定的道理。 但既然你已知曉, 便可以客觀地去應付. 并不見得一定要等到冬季才開始出動。任何一個季節你都可能找到稱心的房子, 談成滿意的價錢。只要條件成熟, 準備好了就可以認真地進行, 不要錯失機會。 同時不要急躁, 看好了一處如談不攏也不必勉強。須知好的房子多得很!

專家們一再忠告: 不要買下第一所看到的房子! 不管怎麼順眼, 多麼喜歡, 也不要停留而放弃了進一步的搜索。一定要比較多幾處、十幾處、甚至幾十處, 才能使你的眼光夠高、認識更清楚、知道自己可以有什麼樣的選擇。

據調查, 相當多的買主是買下了第一所看到的房子。 住了太久的公寓太急于搬出, 見到幾乎任何一所房子都會覺得寬大舒適、有吸引力。以後比較別人的才後悔莫及! 而且在買的過程中, 并沒有真正學到有用的經驗。以後再次買房子時還是不老練!

從你準備打算買房起, 給自己幾個月時間去一步步實現自己的房屋夢。 不要等, 也不要急。

*如果條件尚未成熟應該怎麼辦?

有時出于各種原因, 盡管有必要盡快搬到大些的住所, 而你仍覺得自己的條件尚未完全成熟。這些原因可能包括: 家庭人口增加, 需更大的生活空間; 自己的收入、積蓄增加, 但尚未到達可以馬上買房的程度; 各方面條件均夠, 可是生意上卡住了一筆錢; 或是暫時不能決定應該在哪個地區長期居住, 等等。

你相信在不久的將來 (比如說一年之後), 你完全可能做好買房子的準備。現在應該做些什麼? 不妨做一番下面的準備工作:

一、仔細計算自己的能力, 做一番細致的財務策劃。買什麼價格的房子; 需多少首期、過戶費用以及一定的儲備, 等等。計劃做好充份的資金準備。如有必要, 可以尋求專業人士如地產經紀、銀行貸款員、會計師等的意見。這種服務常常是免費的, 就算收費也不會昂貴。

　　二、切實查明自己 (及配偶) 的信用紀錄。如有不妥處要盡早補救糾正。請查閱後面有關章節。如果信用不足 (例如你從來都是只用現金付款購物, 從未借過錢分期會款), 可以設法建立一些有助于良好信用的紀錄。 比如說, 不要一下付清信用卡購物的賬單 (特別是大宗項目, 如電器、家俱、貴重衣物、珠寶等), 而是分開幾個月準時支付。如果正好要買車, 更宜貸一部分款分期支付。 這是除了買房子之外最好建立信用紀錄的機會。 雖然這些做法要比一次付清多付些利息, 卻幫助你建立了可靠的信用, 是合算的。切記: 在此期間千萬不要忘記或遲付月款! 否則弄巧成拙。

　　三、盡量避免你的主要銀行戶口有出入太大的現象, 以造成收支不穩的印象。將來買房時, 貸款公司很可能要查閱你在相當一段時間內資金流動情況, 以判斷你的財務是否穩定。他們寧願見到你的存款緩慢而有規律性的增加, 而不願見到突然間存款猛增 (你中了六合彩又屬例外)。 主要擔心你是借錢來付首期款, 因此將來要償付兩邊的借款, 力不從心。

　　四、開始逐步了解買房手續、認識房屋結構、以及住宅區。 盡量收集有關資訊, 并與已經買了房子的親友請教, 談經驗教訓。看看他們是否樂意介紹、推薦一些值得信賴的專業人士, 如地產、貸款經紀、律師、驗屋師等, 以各將來之需。

第二章　怎樣計算自己的能力/
決定買什麼價格的房子

本章重點: 你的購買支付力 · 你的借貸力 · 首期款 · 每月供款
· 貸款機構的要求 · 了解二類市場運作及其影響 · 變應的措施

一、購買支付力和借貸力

"我能買得起什麼價格的房子?" 這是每個人決定要買後第一個問自己的問題。 在回答這個問題之前, 你需要對自己的財務做個簡單的統計與分析。

基本上來說, 除非你有巨額的現金, 能一次付完 (那就没什麼好算的), 否則, 就要牽涉到兩個基本的概念: 你的購買支付力以借貸能力。 這兩者的結合計算, 才能使你合理地訂下自己的價格範圍。

所謂支付力, 是指你能夠最大限度出得起的買房費用總和。 絕大多數人買房子都是先付出一小部份的首期, 余下部份以十五年到三十年分期付款 (mortgage) 慢慢償還。 而這個貸款則要向銀行等貸款機構借來, 所以還必須看銀行究竟肯向你貸出多少款來。 這是以你所具備的條件而定的, 也就是你的借貸力。

假如你對一所三十萬的房子有興趣, 可以出得起 20%的首期, 心想再借一筆二十四萬的款分三十年付清, 應是沒有問題的吧? 可是問題沒有這麼簡單! 須知三十年連本帶利你卻要付上五六十萬甚至更多! 你以什麼去說服銀行相信你, 拿出那麼大一筆錢? 銀行當然想賺你一大筆, 可是他們怎麼知道你會不會半途破産、弃屋拒付? 風險不可說不大! 所以說, 盡管你相信自己有能力, 你還得要拿出 證據來說服銀行貸款給你, 才買得起你想要的房子。

　　理想的情況是: 你有穩定的職業和收入、報稅充份、無負債、信用良好, 而且有充份的理由使人相信你的收入會逐年上升. 開支也屬于正常比例. 再加上手上有一筆足夠的現金用于支付首期和過戶開支. 如果你計劃購買的房子價格在你的家庭年收入 (報稅前數額) 的二倍半到三倍範圍內, 銀行會很容易批準你的申請.

　　比如説, 你的家庭年收入是八萬元, 你應可以考慮二十萬到二十四萬的房子. 稍高于二十四萬的也有希望. 要是買低于二十萬的則相當容易. 比較合算的做法是拿出 20%的首期, 加上過戶費用等, 你大概需要動用五萬到六萬元的現金儲備.

　　再例如, 你的家庭年收入是六萬元, 則可以考慮購買十五萬到十八萬的房子. 要付 20%首期的話, 最好有四萬到五萬的現金在手.

　　當然, 如果自己條件不盡理想的話, 變通的方法也不少. 年收入不夠高可以多付一些首期, 手上現金不多 (或不想付多) 則可以少付些首期. 再有就是 改爲長些時間的貸款.

　　這里所説的只不過是粗略的估算, 并非指導的準則. 所以請讀者留意, 具體的情況還要請專業人士爲你精確計算. 在計劃買房子的階段, 你暫時還只是需要初步估算而已.

　　其實, 真正要精算還是相當復雜的. 任何人的情況都可能不同, 因此很難一下概括. 特別是由于支付力、借貸力、首期、總年期等各方面因素互相影響制約, 缺一環不可. 但是也正由于多因素互動的原因, 你可以有多種形式的變通. 靈活性也較大. 爲了達到既能買下喜愛的房子, 又照顧到自己財務上的最大利益, 你也應該充份考慮各種變通的方案. 考慮的組合形式可以有高首期款, 短些的總年期 (如十五年); 或是低首期款, 長些的總年期 (如二十或三十年), 都可以使每月供款數額控制在合適的範圍內, 以符合自己需要和銀行貸款的要求.

二、首期與每月供款

　　一般來説, 買房子拿出20%的首期比較劃算。 事實上大多數買主也就出付出20%。 但是據統計, 首次購屋者中能付20%的人數在近年來有下降的趨勢, 説明年輕家庭買房子要比以前手頭緊。

　　如果一下拿不出那麼多現金, 或是爲達到最大程度的省税, 你也可只付 10% 首期, 申請90%的貸款 (要是銀行不批準, 也可試改爲30年期以降低每月開支)。 但必須要知道, 首期支付少于20%的話, 還得要買一種私人貸款保險 (private mortgage insurance), 每年得花上幾百元。 這種保險一直要付到你交夠本金部份的20%以上時才可停止, 是一筆不小的開支。 在支付過程中, 如果你相信你的房産價值已經有了相當的增值, 你也可以要求貸款機構重新計算, 停止進一步買這種保險。 例如, 你買下一所二十萬的房子, 付了10%即兩萬 (加過户費用約八千至一萬), 貸款十八萬。兩三年之後, 當你的本金支付得只剩下十六萬以下了, 或是你的房産隨着當地市場已攀升到值二十二萬以上了, 你便可以要求銀行停止要你買保險的規定。 由于他們在你身上承擔的風險小了, 銀行就會依慣例同意。

　　假如你的職業在近年内不是很穩定, 或是收入波動大, 或是自己做生意, 現金流動大, 報税亦不能顯示出實際的收入水平。 也可能由于平時多用現金支付開銷, 信用紀錄較單薄。 那麼, 就算你有相當一筆可以動用的現金在手, 也不好用上面的例子來參考。 要估計貸款方面可能有一定困難。 也許你需要大大加重付出首期的比重, 如 25%, 或 30% 以上。 不少銀行願意以這種特別的首期條件發放所謂 "免收入調查" 的貸款。 因爲你投下如此之高比例的首期, 已使他們貸款的風險性大大降低。但是信用調查卻仍是免不了的。 也還得看負債情形、家庭開支等方面是否合格。

　　不少華人喜歡買二家庭以上房屋, 出租一部份以租金 "養屋" 抵部份月供。有些人甚至寧願自己住在地庫, 而將其它可用面積全部出租, 以獲得最大限度的收益. 這就似乎有些過份了。 且不説買房過日子的目的顛倒了, 就是算財務賬也有問題。 他們往往是太過依賴出租部份的收入來維持供屋。 在計算租金收入部份時要記住, 銀行不單單對究竟可以租多少錢要仔細查詢, 而且通常只以租金的 60% 來算穩定收入部份。 理由是房子并非隨時可以租出, 有時會放空; 而且修理、能源、廣告、地產傭金等部份也是相當可觀的開支。銀行當然更不會接受那種自住地庫、出租其它全部面積的算法。

在決定價格範圍時,最好給自己留下一定的空間,不宜算得太靠近自己能力的上限。　例如自己最大限度只能買下二十萬的房子, 則最好將目標定在十八萬左右。如果算得太緊,一來開支壓力大; 二來勢必影響到生活其它方面開銷。緊縮太多,反而降低了生活品質。　也要考慮到萬一有什麼緊急狀況需要用錢時, 沒有一定的儲蓄不但難以應付危機,也會造成供屋的困難。　給自己一些余地,也易獲得貸款的批準。

三、銀行審批的標準及二類市場的影響

發放貸款的機構包括各種商業銀行、 儲蓄銀行、儲蓄信用協會及貸款公司等（commercial bank, savings bank, savings and loan association, and mortgage compay, etc.）。 為簡單起見,本書僅用銀行或貸款機構代之。 它們對于審批住房貸款,皆有一定標準規定（guideline）。

單就支付力和借款力而言,銀行要考慮借方的收入、積蓄、財產和債務、開支等方面情形。 除了支付首期和過戶費用外, 借方是否每月有能力支付貸款（本金和利息）、 稅金、 保險費。 這幾方面開支的總和不應超過借方家庭報稅前收入的23%至28%。 25%應是較折中的比例,也便于估算些。你總得有其它方面的開銷及一定剩余才行。 有一定的節余,風險才不太大。

因此, 在你決定價格範圍時, 應該仔細算一下每月供房開支占自己收入的比例。 如果高過銀行的要求, 哪怕你自己認為完全可以應付, 也要考慮到可能申請貸款有困難。 當然, 這只是一般性標準而已,具體情形還要看銀行方面能否通融。 也許他們會同意借稍高于標準的款給你, 也許不會。 如果你職業、收入、信用狀況很好, 而且屬于穩步上升, 也許你的借款力（及支付力）會比你想象的強得多!

銀行的要求是否太過苛嚴? 其實他們也有一定的難處。
現在的銀行貸款業務一般只是一種轉手生意而已。在當代急功近利的環境下，他們比較少有做這種幾十年長期投資的意願了。　在貸款給借方後，他們通常會將這筆生意又拿到所謂二類貸款市場（Secondary Mortgage Market）去出售給真正做長綫投資的大規模房地産投資公司、保險公司、退休基金會以及一些私人投資家集團。　這種投資基金市場有興趣做長期穩定和低風險的投資。它們的政策關鍵是低風險。所以他們的收購條件相當嚴格。

如果銀行不小心貸款給"高風險"客户，那筆貸款便可能難以轉手。　因此銀行不得不采用二類市場的標準來審批客户，以求最大程度的滿足二類市場要求。

最後，在計算支付力時，請查閱附錄的貸款每月付款表。　該表列出借每一千元，按不同利率和年期算出每月的付款數額。如按15年期、利率8%算，每月應付$9.56。你借十五萬元的話，就要乘上150，等于$1434。　如30年期，同樣利率要付7.34 × 150=$1101。　但要知道，通常三十年期的利率要比十五年期的高些，大約要高出 1/4 到 1/2 個百分點左右。

第三章　怎樣選擇住宅區

本章重點: 地區是決定房屋價值的關鍵．通盤考慮地區的治安、學區、交通、生活設施以及變化因素．從地圖研究做起．實地觀察．收集資訊．做出明智選擇

一、 "地點、地點、地點!" （"Location, location, location!"）

地産商常用這句話來奉告買主，以强調選擇區域地點的重要性。將地區作爲首要考慮，是最明智的。

爲什麼呢? 原因很簡單: 房子買在好的地區，生活品質有了基本的保障，房屋價值就不會跌落。事實上，哪怕房子本身條件差些，由于處于高尚地區，照樣保值升值，容易出售。相反的，在一個不逗人喜歡的地區，哪怕你把房子裝修得象宮殿一般富麗堂皇，也難賣得出價。很可能是蝕本更多!

精明的人如果有能力，可以盡量在好的地區購買建築面積和土地面積大些、比較失修、因而特別便宜的房屋。用不太多的花費維修改良後,這種房産是很容易升值的。

*原則: 寧願在好區買最 差的房子,也不要在壞區買最好的屋。前者價值易升難降,後者價值易降難升。

什麼因素使得地區之間有如此差別呢? 一般認爲有如下幾個方面: 治安、學區、交通和生活設施。這里還要再加上一點: 地區的演變趨勢，即變數。

二、治安

治安的重要性不用多解釋。　人人都想住在一個安全、犯罪率低的地區。雖然當今美國社會在媒體報道中顯得充滿邪惡、暴力，但"道不拾遺、夜不閉戶"的現象也廣泛存在于體面的居民社區中。事實上，找一個安全好地區居住并非難事。

人們常在相隔不遠的地段，見到兩個截然不同的世界。一邊是家家戶戶干淨整潔，庭園綠草如茵、鮮花似錦。在這里深夜出門散步溜狗一點也不擔驚。甚至可以夜不閉戶、車不上鎖。居民禮貌友善、舉止安祥，孩子們可以在戶外自由玩耍。一派太平盛世的寧靜溫馨景象。

另一邊則是滿目瘡痍、四處涂鴉。家家戶戶不到天黑便深鎖重門。街上除了不三不四的幫派，以及流民醉漢之類，誰也不敢出來。連開車路過這種地區都令人心驚膽戰！

在選區時，不能光聽地段名稱去判斷，而是非得親自去查看一番。須知幾個街區之遙便可能是天淵之別！

**注意: 好區與壞區之間通常有自然地貌分割 (如河流、海灣、樹林、公園隔開)，或是大型人工建築群分割 (如有高速公路、大型購物、娛樂中心、商業區等在中間地帶)。如果沒有這種屏障，只是由街道漫延而漸見"地區轉好"，則變數較大，不可不小心考慮將來地區的演變。下面還要談到這一點。

治安好壞是決定住區最基本的考慮因素，不可輕易妥協！

三、學區

學區方面也是與治安幾乎同等重要的因素。大多數人的孩子都在公立學校就讀。因爲一來是免費教育，二來公校教學、師資都由政府嚴格督導，比較容易讓人放心。這是美國的主流教育。但是各地學區、各校間的差距同樣是巨大的。有的學校紀律、成績甚至安全都有問題。嚴重的甚至需要在門口設置金屬探測儀，由校警嚴查以防學生偷帶武器入學校。有的學區學生退學率 (drop-out rate) 一半以上。在那種地區, 擔心的家長只好把孩子送到私立學校就讀 (當然, 好區也有人送子女去讀私校的)。

好的私立學校當然有其長處。 德育、紀律、操守方面管理較嚴。 如是名校品質上也有很高的保證。 但花費很高, 有的并不少於名牌私立大學的開銷！不是一般人所能付擔得起的。

如果居住的學區好, 教學品質優良, 孩子不用花錢也得到良好教育, 豈不是節省了一大筆開支? 一個孩子從幼稚園到高中十年下來, 省下的錢可能都又夠買一棟房子了。 如果有幾個孩子上學呢? 那就太劃算了! 你說學區重不重要?

大多數地區的學校教育是由地方政府征收地產稅來開支的。 富裕地區出得起多的錢, 學校經費充足, 設施當然好。 課余活動也豐富。很多地方把中小學辦得幾乎象社區大學一樣, 附設正規球場、 泳池、 劇院。 擁有先進的電腦設備、象樣的圖書館。 學生課余有各種文體娛樂活動, 如樂隊、 球隊 、 棋類俱樂部等, 吸引每個學生參加。 孩子在這種環境下受教育成長當然很有益。 正因如此, 居民多付一些地產稅也願意。

在最好的區, 政府預算花在每個學生的年度開支可達一萬一千元以上, 如果你有三個孩子, 住在這種地方, 哪怕每年付一萬多地產稅你也 "淨賺" 了兩萬元, 何樂不爲? 畢竟孩子的前途才是我們精神的寄托、 奮斗的目標!

即使你沒有學齡孩子, 學區對於你也是很重要的。 因爲等你將來賣房子時, 買主也會考慮這個因素。 不可忽略這一點!

其實學區與治安一樣, 決定於居住區居民的身份。 中産階級 (特別是受教育程度高的白領階層) 集中區治安、學區一定會好。 藍領技術工人集中區治安也會好, 學區品質有的也相當高。 比較成問題的是失業率高、家庭不穩定的地區。 家長沒做出榜樣, 孩子們也無心向學, 是不易解決的社會問題。

四、交通

交通問題也是選區的一個重要考慮因素.

每個人的生活方式不同. 有的人喜歡廣闊的生活空間, 哪怕每天花幾個小時開車通勤也在乎不惜; 有的人卻認爲那樣沒意思, 住處再好也沒有時間和精力去享受. 各人見仁見智.

如果必須開車上班, 你必須了解高峰期塞車情況嚴不嚴重.　我們都知道塞車時坐在車里動彈不得的焦急煎熬. 而且更討厭的是無法預計所花的時間.　光是路程遠些, 只是車流順暢關系就不大. 至少可以預計時間. 塞車情況就不同了. 如果是經常性的就更嚴重了, 須知這是長期的煎熬.　要了解某處塞車情況, 你可以在每天上下班高峰時堅持收聽收音機的交通報道.　最好還要抽一兩天時間親自去試試看能否忍受.

理想的交通應有幾種變通方案和路綫應付.　例如有幾條高速公路選擇, 有地鐵或是捷運火車、巴士、專綫特快通勤巴士等.　當天氣惡劣時你便會格外體會到公車系統的重要性.　單一路綫開車最爲被動. 在選區時低估問題的嚴峻性會造成將來長期的苦惱和憂慮.

有公車捷運系統的地區, 特別是地鐵沿綫很受華人的青睞.　紐約地區華人聚居處沒有一個不是靠近地鐵的. 這樣也 "炒貴" 了這些地區的房產, 有的地方只要偏離地鐵站稍遠上幾個到十幾個街口, 房價會便宜上幾萬元! 可見人們對於交通方便的追求.　其實, 如果你不在乎早上出門提前半個小時, 把步行做爲一種晨運, 不只是省下一筆錢, 更帶來了身體上的好處. 也還有其它變通方法. 如騎單車去搭火車, 把單車鎖在火車站附近下班回來再騎回家. 也不失方便.

當然, 這些都是依人喜好而定. 有的人寧願出門拐個彎就上火車, 養精蓄銳去工作上拼搏, 買房子時就不在乎多花些錢了.

也有相當部份的人不喜歡太靠近地鐵沿綫,　嫌其擁擠嘈雜, 恐治安不佳.

對個人具體情況來說, 還得考慮上班地點的方向性.　如果上班地點在城市東郊, 則最好不要選擇住在城市西郊. 因爲每天上下班正好要面朝刺眼陽光開車橫穿整個城市! 長時間强光眩目會使眼睛非常疲勞, 也增加了一定的危險性。 如果是搭乘公車那就不成問題。

五、生活設施方便程度

生活設施配套是否完備, 是市政設計的一個重要方面, 也直接影響到一個地區生活品質的高下。

都市內各方面生活設施最完備。 購物、 娛樂、 文化藝術、 教育、 醫療、 圖書館、 警察、 消防, 以及博物館、 運動場一應俱全, 最爲方便。 然而由於人口稠密, 是否能讓每個人都可以隨時充份享用這些又難説了。 同時治安狀況最不令人放心。

城郊 (suburbs) 是中産階級家庭最樂於居住的地方。 生活設施也相當完備。 而且由於人口不稠密, 使用起來很方便。 當然, 任何事物都有代價。 這種地區由於政府限制區域用途 (zoning codes) 最嚴, 工商業不可以太發達, 征收的商業稅收相應的少。 居民的房屋要交納的地産稅也就最高。

住在真正的鄉下 (rural area), 生活設施可能是最大的缺限。 由於人口稀少, 商業利益潛力低, 可能永遠也不會有人投資, 興建配套的生活設施如購物中心等。 你必須有思想準備, 爲了自然環境的寧靜開闊、 空氣的清新、 特好的治安而放弃一部份現代化的生活方便。 這種地區的地産稅一般相當便宜。

還有個值得注意的方面: 新開發居民區與老居民區的差別。 老居民區由於長時間的市政建設與商業開發, 早已使其生活設施完善化了。 生活方便程度就高。 新區則往往不然。 一切都在建設 (或停留在設計階段之中), 可能好幾年內生活會有這種那種的不便。 例如在半開發地區, 購物中心尚未有人投資興建, 也無娛樂場所, 你臨時要買一盒鷄蛋也要驅車十幾分鐘, 看一場電影更是困難。

當然, 城、 郊、 鄉地區不是截然分割的。 有的地區屬半城半郊, 有的是半郊半鄉。 其生活設施齊備與否, 也有程度上的差別。 必須親自出馬, 做切實的調查才能真正體會。

六、地區的變化趨勢

這是一個復雜而又敏感的問題。

很少地區是永久不變的。以紐約市的哈林區 (Harlem) 爲例: 上世紀那里曾經是顯赫一時的特權階層聚居地, 不單單環境優雅建築雄偉, 而且文藝活動特別豐富。漸漸的時過境遷, 如今卻淪爲美國最聲名狼籍的貧民窟。

再如紐約市皇后區的法拉盛 (Flushing), 僅二十多年前還是衰頹荒涼, 已近貧民窟邊沿。由于亞裔 (特別是華人) 的涌入, 刺激商業的發展。 如今已成爲繁榮昌盛, 地產昂貴的地段。這種例子是不少的。 又如: 十余年前, 一批有膽識的華人在紐約市布魯克林區的日落公園八大道地段以十分低廉的價格購置商居兩用樓宇, 開辟新的商業、工業區。現在該地區各行業蒸蒸日上, 被譽爲第三個中國城, 成爲又一個華人改造破落地區成功的範例。 而當初買下的樓宇, 多數也已經價值翻了五六倍以上!

可見, 對于準備購置房產的人來說, 觀察一個地區變化的趨勢就顯得特別重要。如果買下一處物美價廉的房產, 又趕上該區重振經濟, 欣欣向榮, 則可以預期迅速的升值。 隨着中產階級家庭的逐漸遷入, 整個區域的生活品質也會日益改善提高。在這種地區, 應趁屋價尚未炒得太高時盡快買進。

但是, 如果光貪圖便宜, 未做可靠的調查, 買下一所正處于日薄西山、 每況愈下的地區的房屋, 則無异于投錢下海, 坐看價值速跌。這種演變很象連鎖反應(chain effect): 一旦居民見到地段變壞失控的征兆, 引起内心的恐慌, 便會不惜虧本, 紛紛抛售房產。 這又造成房價的更下跌。 當跌風大起時, 幾乎所有的房屋都會蜂涌上市, 很令人觸目驚心! 如果你在短短一條街上見到四五處求售的招牌, 這很可能就是地區變壞的紅燈!

不可以揀這種便宜! 否則短短時間内你自己也不得不在門口也竪起個求售牌, 加入抛售的行列。 千萬不要誤入這種陷阱,或是懷有僥幸心理,幻想局面會有很快的穩定和好轉！體面人士都要搬走, 有幾個勇氣十足的中產階級會買進來? 要知道中產階級是最顧慮治安與家居環境的.

什麼原因會造成地區下跌呢? 很多很復雜。有的是因爲經濟上商業的失敗,造成街道荒蕪, 治安惡化。 有的是因爲居民人口的老化, 中生代遷出。老人們漸漸搬到退休聚居區 (如佛羅里達等 "陽光地帶")；或去世之後兒孫們草率處理房産往往是盡早求售, 以便快些分配遺産。或是盡管仍滯居原地, 卻無力制止社區上不良份子犯罪活動, 只得閉門深居簡出, 再加上地方政府治理無方,任由壞人橫行霸道。 換句話說, 這種地區是被 "放弃" 了, 變數最爲可怕。

所以在觀察時, 最好分幾個不同時間開車前去 (坐在車里!) 靜靜查勘。 早上去上班的人多不多, 看上去屬哪一類人士? 白天街上商業活動是否正常? 下午傍晚時有無孩子們玩耍? 孩子多的地區説明家庭生活比較穩定, 父母不願搬遷。 晚上街上是否陰森森、 只見不三不四的可疑份子? 星期六是否見到中青年人剪草掃除? 星期日上教堂的人看上去印象如何?

也要看看周圍是否有空地, 可能會被征用于建造政府資助的低收入國民住宅樓 (Housing projects), 或是庇護所 (shelter), 購物中心、 工廠、 垃圾廢水處理場等等。這些都會對地區變化産生影響。純居民區則較爲穩定。

你自己的感覺體會很重要。 相信你的直覺大多是對的。 如有不踏實之感, 最好是另尋區域。

　　*記住: 你親身的觀察體驗要比地產經紀的花言巧語可靠得多. 但如果連經紀也吞吞吐吐、 口氣欠肯定時, 就是你掉轉方向盤上路的時候了!

七、地圖研究

如果你對選擇住區靈活性較大, 願意在較大範圍內尋找自己喜歡的社區, 則可以做地圖研究開始做起。

以地圖上一點做圓心, 周圍十幾哩做半徑來畫一個圓圈, 作爲初步研究的範圍。目的是認識這個範圍內所有主要的居住區, 比較選擇, 以便能夠進一步深入, 縮小搜索目標。

首先看看主要交通要道如地鐵、高速公路、主街所經之處, 對該範圍的交通狀況有個認識。然後選定幾條路綫, 準備出發踏勘。每條路綫都應該使你一次經過能看到最多東西, 充分利用時間。

出發前, 準備好一個筆記本, 以便記下心得。另外, 明確的路綫圖也是必要的。你希望充份利用時間觀看地區, 而不想把時間花在找路上。

八、實地考察

不妨將此當作一種富有樂趣的出游。 帶上家人或好友以免枯躁。很多人發現這種短途旅行是十分有趣的。 有時你會發現某些從前雖然經過多次, 但從未認真觀察過的地區居然是出其意料的討人喜歡。 相反的, 有些地區你常常聽說如何的好, 可是當你親自踏勘時, 卻發現自己根本不喜歡那里的格局和氣氛。 意外的發現是常有的。

最好趁自己的感受還新鮮, 及時做筆記。不一定要完整, 零星字詞便可紀錄下當地特色。 交通情形也是應該記下的。有時你會對一些求售屋有了解的興趣, 也可以記下標牌上的電話號碼。有時間的話打個電話問問房價也可供參考。但在這個階段, 急于進入認真的談判還嫌太早。

在縱橫跑過此範圍大部份區域後, 你基本上可以排除缺乏興趣的地段。 從而縮小範圍, 以便再次出發仔細比較觀察幾個地點, 也許第二次印象與第一次截然不同或相差甚遠。 這是因爲你已經通過觀察比較而有了更深認識的緣故。 反復看幾次, 你便可以選下兩三個滿意的地區而做進一步的研究。

還有一個好處: 將來正式看房時, 地産經紀會主動推薦不同地段房屋。如果你已經了解了那個區, 你便馬上可以決定有沒有興趣去看。 節省了大家的時間和精力。

九、收集資訊

　　美國是一個資訊特別發達的社會。　而且相當大部份你所需要了解的資訊都是免費的公共資訊 (public information)，由各種政府部門向民眾提供。你獲取公共資訊的權利是受法律保護的。

　　要對某一地區做深入的了解，第一個值得嘗試的地方應是當地圖書館。　不論其規模大小，他們一般都有一個專門收集整理有關當地資料的專櫃，以供公共查詢。不單本地歷史名勝、人口統計資料，報章媒體的報道也盡量收入。查閱是很方便的。圖書館管理員也很樂于助人，并且相當博識。　一般都能迅速解答你的問題。如有疑難，他們也可通過各種渠道，盡量幫你獲得你想要的資訊。　相信大多數常跑圖書館的人都會滿意他們的服務。　事實上，善于利用這些免費資訊服務就是在美國生活的一大“秘訣”。

　　其它還可以查詢的部門有警察分局、學區、巴士公司等等，分別了解有關治安、教育和交通的問題。　最好是親自前往，容易獲得比較詳盡的答復，同時也體會一下氣氛。

　　查詢時，不妨開門見山地說明自己正在考慮搬入這個地區，想了解當地有關情況。具體些的問題最易獲得直接的答復，如：“貴學區近年來在閱讀、數學方面表現如何？有什麼特別出色的項目？”

　　當你完成了上述的步驟以後，相信一定可以做出明智決定，把地區選好。下一步便是如何找到你喜愛的、價格合適的房屋了。　你可以自己直接尋找，也可以利用地產經紀的介紹去找。

第四章 怎樣選擇地產經紀

本章重點: 了解地產商經紀人運作及傭金制度 · 尋找可靠得力的經紀 · 小心不實廣告以及不誠實經紀 · 有關法規與投訴

一、地產經紀運作

　　專門從事房地產買賣的中間商 (不是投資商) 是當今商界中之一大行業. 他們主要的業務是代屋主尋找買主, 當買賣完成後, 從賣方那里賺取傭金. 由于美國每年都有數以百萬計的房屋買賣, 這個行業的規模當然是非常可觀的. 大型的地產公司有全國各州連鎖的 Prudential、 Century21、 ERA、 Coldwell Bankers, 等等, 知名度很高. 其內部大多是每家分號獨立經營運作, 財政資金及老板也是獨立的, 所以他們可以搖身一變, 轉投另一家. 也可以改爲自己的旗號自立. 這些公司可以利用總公司的名聲、資訊、訓練及其它支持. 此外, 還有中小型規模不等的獨立地產公司遍布各地. 有的專營某一地區, 雖然範圍較窄, 卻比較熟悉當地情況 , 針對性很强. 有的沒有什麼針對性地區, 營業範圍較廣. 不論公司大小, 各有長處. 其實只要其按行規敬業, 爲人可靠, 辦事得力, 買主不必計較.

　　在每一家公司內, 必須由一位領取正式執照的地產商 (broker) 主持. 再有一批手下的買賣經紀人 (sales agents) 拉生意. 前者必須經過較嚴格的訓練, 從業時間較長, 以及要有一定數量的售房紀錄才可夠格. 後者則僅需要上幾門短期訓練課程, 通過并不難的考試便可獲得營業執照. 以上情況視各州規定不同, 有的較嚴, 有的很松. 一般説來, 要成爲地產商較難, 但幾乎每個人都可以做經紀! 經紀不可以獨立操作, 必須得在地產商的督導下才可從事買賣業務.

有的地產商加入國家地產業者協會 (National Association of Realtors) 在頭銜上稱為 Realtor。 該協會成員被要求不斷更新自己的專業知識, 充實訊息, 以適應市場要求。 他們有更多種後援服務, 渠道較廣。 同時也接受比較嚴格的規章約束, 以保護客戶的利益。 其中對買方有影響的一條是, 他們必須主動向買方提供關于出售房屋的結構性、危害物質等方面的重大缺陷。 如果明知不報, 即屬違規, 會受紀律制裁。 或吊銷會員會員資格。 在尋找經紀時, 你不妨問一下, 看該公司主持是否屬于此協會成員 (Realtor)。 當然, 這并不完全保證你的利益。 自己還得處處小心精明。

地產商有權使用 "多種上市地產目錄" (Multiple Listing Services) 服務, 接洽經營數量龐大、涵蓋面廣闊的上市房產。 這是定期出版的刊物。

二、傭金制度

他們是怎樣賣房產的呢? 這里要看看經紀 (及地產商) 與賣主、買方的關系。

當一個屋主決定要賣房子時, 他可以有幾種選擇。 他可以單憑自己的渠道做 "屋主自售", 即自己去做廣告找買主, 不必通過地產公司經紀的幫忙, 這樣也就不必支付傭金。 他也可以找一家地產公司利用他們的渠道去找買主, 在買賣完成後支付傭金 (一般在 6%至 7%左右)。 地產公司負責登廣告、找買主、安排看屋、傳話談判價格等等。 有時賣方與地產公司簽合同是比較約束性強、 對地產公司有利的 "單獨授權" 代理 (Exclusive right listing), 有的則是比較松動的 "開放式授權" 代理 (open right listing), 意為其它公司也可以代賣此房。 這些合同代理權都有一個時間限度。 在此時間內, 屋主即使自己找到了買主也必須支付傭金給簽合同的那家公司。 時間夠了,合同失效。 屋主才可以轉為自售, 或是另找一家地產公司。

與屋主簽合同被授權代理的地產商叫上市經紀 (Listing broker 或 Listing agent)。 如果這是開放式的代理的話, 其它公司也可以代售, 但必須與合同公司分享傭金.

不管經紀與賣主屬于哪一類的關系, 他都必須盡職努力拉買主、安排參觀, 并引導整個交易一步步走向成功。 在買賣過程中, 屋主先設立一個 "叫價" (asking price), 通常是可以討價還價, 有下跌余地的. 當然, 賣出的價格越高, 不單賣主越高興, 經紀的備金也越高. 總而言之, 經紀是爲賣方服務的, 他們的共同利益要遠高于經紀與買方的關系. 當然, 經紀安排買賣, 也在一定程度上爲買方服務. 要贏得買方好感與信任才可以做成生意. 但是作爲買方, 你要清楚這幾方面基本的關系.

買賣的過程是復雜的. 有時如果談判到關鍵處, 買賣雙方討價還價還是有一定差距, 而都不願再讓步時, 經紀爲了促成交易, 可能會向賣方重新約定條件. 寧願自己減低備金部份, 少賺一些以求成 (也所謂薄利多銷). 當然, 這種情況通常是在所謂 "買方市場" (buyer's market), 即賣房的多過買房的, 經濟不振時; 或是在某一地區某一時期特別難出售時才發生. 如在 "賣方市場" (seller's market) 買房的多過賣房的, 經濟雄振、就業穩定、大家競相購屋時 (如八十年代中後期), 或是在某一地區房屋非常搶手時 (如1997年的北加州硅谷地區), 這種情況則不易出現.

談到買、賣、經紀三方面關系, 有一點不得不提醒買方: 不可貪圖小便宜破壞賣方與紀經的合同關系! 有的屋主要小聰明, 當自己與地産公司的合同差不多到期時, 會繞過經紀而直接找 (經紀介紹來的) 買主聯系, 勸其等一段時間當合同終止時以低些的價格買下自己的房子. 因爲一旦合同到期, 屋主可轉爲自售而免付備金, 所以也可以便宜些. 這種背後小動作看上去可以爲買賣雙方都省一筆錢, 卻是不可爲的. 不單單屋主背信弃義不道德, 而且也將買方牽連進潛在的法律糾紛. 須知合同一經簽署便負有法律效力, 不可破壞. 屋主 "偷" 了經紀的客户, 盡管合同已經終止, 經紀仍可以追溯時間去控告買賣雙方, 最後大家可能都是破財傷神, 得不償失! 如果你遇到這種情況, 猶豫不決, 應該起碼去請教你的律師, 看看有什麼後果. 再有, 你也不應使用兩家不同公司的經紀去買同一房産.

三、怎樣找可靠得力的經紀

找地産經紀是很容易的, 報紙、雜志上廣告有的是. 也可以通過插在待售屋標牌上 (For Sale Sign) 的電話號碼去聯絡. 但要真正找到值得你信賴的、懂行的、人際關係好、努力工作、有耐性的就不那麼容易了. 記住一點: 幾乎任何人略加訓練都可以成爲一個經紀的. 正因爲如此, 這個行業里不可避免的會出現魚龍混雜的現象. 跟賣舊車的經紀一樣, 很多賣房子的經紀都是令人生厭的.

首先, 你要知道一個地產經紀能爲你做些什麼. 簡單來説, 他應該:

1) 能幫你簡略預算你的購買能力 (包括支付力和貸款力), 從而幫你決定大致價格範圍. 如前所述, 這只是初步的預算而已, 真正的精確計算還是得要正式請教貸款商. 但是, 你不必要將自己具體的財務狀況全部透底. 大略就好.

2) 能解答你對特定地區一般情況的疑問, 根據你的需要提供具體的建議忠告. 同時他可以代你了解該區 (或是具體房屋) 的建築用途規定及其它特殊的規定.

3) 了解基本房屋結構、設施及危害物質方面的常識. 在帶你去看房子時 (或稍後) 做出客觀的介紹分析. 這一點很多人做不到!

4) 能解釋并引導你一步步完成買賣交易.   雖然申請貸款、安排過戶并不是他份内的職責工作, 他也應該可以解釋其程序, 讓你知道你應該做些什麼.

衡量一個經紀, 應從幾方面去觀察判斷: 他的待人態度是否真誠, 他對你有興趣的地區是否真正了解, 以及他的專業知識和經驗是否夠豐富?

如果是通過廣告去找經紀, 通常是以電話開始聯絡. 經紀應盡量詳細地告訴你有關房屋的基本狀況, 如幾卧室及其它主要結構、區域、價格、保養情況等. 他當然也常會趁機索取你的資料、要求等, 也常會順便向你推薦其它引起你興趣的房屋. 如聽上去令人感到親切誠摯, 不妨約見進一步了解.

*注意: 廣告常常是誤導性夸大欠實的. 例如 "近交通" (close to transportation) 往往是指火車就從後院開過! "舒適" (cozy) 是指非常窄小的房間, "自己動手者特適合" (handyman's special) 是指已經快完全報廢的朽屋, 而 "海灣景觀" 則需要爬上瓦頂才勉強見到遙遠的海景, 等等, 不一而足.

更有的地產公司僅用一兩所看上去 "太好了", 價格特公道的圖片廣告來吸引客户. 甚至一些根本就不存在、子烏虛有的例子都有. 當你問及他們會閃爍其辭、迴避細節, 推説 "已經售出", 而趁機竭力推銷其它房產. 這種不誠實的作 業方式令人生疑, 應引起你的警覺!

如果是通過招售牌上電話號碼聯系, 卻是真有其物. 你親眼見到其區域、外觀, 心中有些數. 聽到經紀的介紹, 不妨判斷一下對方是否太夸張, 以決定他的可信度.

要進一步了解經紀, 最好還是去面談一次.

這種了解也是雙方面的. 對于經紀來説, 能夠拉住一個合格的買主, 生意也就等于做成了一半. 他也非常需要知道你是否真有能力、 有誠意在他的地段買房子. 所以, 能夠在開展業務之前, 雙方在地產公司的辦公室里會談 一次是很有益的.

你必須有所準備, 知道怎樣觀察、提問和分析.

在觀察方面, 看看此人是否顯得精干、自信和誠摯. 有能力有經驗的生意人會有一種氣質自然流露出來. 衣着也要整潔體面, 不一定要西裝革履, 但要以工作身份場面相配. 如果邋邋遢遢、衣衫不整, 舉止寒傖、缺乏自信, 首先就令人懷疑他的敬業態度和成功程度; 如果衣着過份花俏、舉止輕浮, 又會令人擔心他可靠程度和業務風格. 做這一行的要顯得稍微保守些, 正統些才給人一種放心感覺.

提問中, 你應直截了當地問具體問題. 以下是一些基本問題以供參考:
——你從行多久了? 對出售本地區房屋有什麼感受? (目的是了解他的熟行情況, 及該區房價變化.)
——你是否很熟悉本地區生活情況? (聽他介紹一下本區各方面資訊, 與你自己了解的做一番比較看是否還夠中肯.)
—— 你對各種各樣的房屋結構内行嗎? (答案當然是肯定的. 但從口氣神態中也許會察覺到不肯定之處.)
—— 你的辦公時間如何? (了解他是否全職, 或與你的時間相符.)
——你會怎樣幫助我找到適合的房子? (這是一個開放式 open-ended 問題, 對方應該接過機會, 全面介紹一下他的步驟計劃, 同時就你的實際情形做相應的分析.)

他的回答應是坦誠、 詳細、充滿自信的. 他應該對你表現出一種親切尊敬的態度. 而你也應該盡量誠摯地回答他有關你的職業、 經濟 *、買房要求方面的問題, 以產生雙方互信默契的一種工作關系. 但一開頭就太過親密、 甚至大開玩笑也是不可取的. 畢竟這不是一種社交, 而是嚴肅的生意!

*注意: 不要輕易把你自己的收入及存款狀況太具體地告訴他. 這幾乎等于是向賣方透底! 對你在將來談判時可能不利. 讓他知道你大概的購買能力就可以了.

如果他對某些問題不是真正了解, 他應該坦率承認, 而且應承進一步去打聽清楚, 而不應該籠籠統統搪塞一番, 混過了事. 有的經紀根本一問三不知, 卻閃爍其辭; 有的一味恭維買主, 又吹噓自己; 有的明明不了解具體的當地規定, 卻大打包票, 擔保明顯爲違規建築的部分一定沒問題. 這些人你都最好迴避, 敬而遠之. 反正稱職的經紀多的是, 你犯不着與使你心中存疑的人打交道.

正確的印象、 體會也許不是一次會談就可以形成的. 在你與他們打交道的過程中你會逐漸加深認識. 隨時要聽其言、 觀其行, 加以判斷.

**下面幾種人你應該特別小心提防:

—— 你感到他只關心賣出房子, 才不管是否對你合適. 換言之, 不關心客戶利益者. 例如: 明知你的要求, 仍不斷塞給你看各種你根本沒興趣的房子.

—— 故意逼你快點出價 (make an offer), "免得別人捷足先登" 者. 有的經紀會不斷告訴你 "昨晚剛上市" 的房子, 并嚇你 "一但正式登出廣告, 兩三天內就會被別人拿走!"

—— 故意忽視你關于房子本身缺陷的疑問 (如危害性物質、 違規加建部份), 或是隨便信口開河, 拍胸保證者.

—— 告訴你不必請教律師者.

當經紀帶你去看房子後 (特別是看了幾所之後), 最好與他坐下來討論一下你的感受. 是一種有益的交流回饋.

首先感謝他的時間、 精力和安排. 接着, 你可以說到每所房的優點, 讓他知道你所喜歡的部份, 如 A 屋的客廳寬大明亮, B 屋的浴室摩登豪華, C 屋的起居室帶天窗, D 屋的後院帶檐廊等等。　希望他會留意, 下次選擇更接近你的口味的。

　　再下來, 可以提出哪些是你不喜歡、不能接受的。　如 A 屋的廚房太窄小, B 屋的臥室格局不方便使用, 等等。　讓他注意今後選擇時避免雷同、類似缺陷。

　　每個買主的口味都是不同的。　經紀越了解你的喜惡追求 , 越容易有的放矢, 集中精力找到你的夢想屋. 也避免大家無謂的浪費時間, 無結果的去看大量不滿意的房子。如缺少這種交流, 看再多他也不明白你的喜好, 易造成彼此的失望。

　　另外, 在看房的過程中, 不滿意的絕不出價。不要一時礙于他的面子隨便開一個以爲對方不可能接受的低價。 " 如果他們肯以這個價賣, 我就能接受那些缺陷……" 是很冒險的做法。　你怎麼知道他們肯不肯? 萬一他們肯呢? 或是再還一個公道的價呢? 你會很被動!

　　在選中了房子談判價格時, 應保持冷靜頭腦, 勿做草率決定。　在開價時, 要根據自己的考慮決定, 而不要聽信經紀所謂 "出價太低會帶侮辱性, 使賣主生氣" 之類的話。　只要你認爲不離譜, 就應堅持 (別忘了還會有繼續討價還價的余地迴旋, 開價太高要反悔拉低反而不妥!) 其實這都是生意而已, 願討價還價才有得做。　告訴經紀: 這是生意談判, 并非鬧個人意氣, 根本不存在侮辱之意。　如果對方意氣用事就不如拉倒, 以免將來更不愉快。　對方如認爲太低, 可以拒絕或再還一個價。大多數屋主會理智回應的, 也會尊重你不卑不亢的態度。

　　最後提醒一點: 經紀是代表賣方的。　他賺取的傭金雖是從賣方那里拿到, 但歸根結底還是你付的買價之一部份。　因此不必爲他們對你提供的服務感到欠情。　除非有特殊理由, 如長期、額外爲你服務, 不必付小費給他們。　你和經紀合作, 雙方都是爲了自己利益而付出時間、精力的, 他也要感謝你給他的機會。

四、投訴經紀

　　上面已經提過, 國家地產業者協會對會員有一定法規限制。　如果你認爲你受到經紀欺騙、歧視、誤導等等不公正待遇, 你是可以向該協會投訴的。　如果經紀 (及其所屬公司的主持人) 不屬于該協會, 他們也受到有關法規管束。你可以向當地消費局、州檢察官辦公室（Afforney General's Office）等政府機構投訴以討回公道。

　　尤其是關于他們對于出售房屋中重大缺陷、　危害物質情況知情不報這一條，須知他們是有義務主動告訴你的。不能含糊。　爲了充份保護你的利益，你應主動提出這方面的問題，并要求經紀查問清楚。

第五章　怎樣選擇房屋種類

> **本章重點**: 了解常見房屋類型與建築結構特點．比較獨立式房屋與連幢式房屋．
> 比較磚屋與木屋．比較新屋與舊屋．地理位置對房屋的影響．風水上的考慮．
> 制訂條件表,決定必需的/想要的、可接受/不可接受的條件

　　當你選定了區域,找到了經紀人之後，具體尋找房屋的工作就開始了．這種尋找當然不應是盲目的．而應是有的放矢,具針對性的．除了價格合適外,房子本身的條件也應與你的要求相近才值得去看．當然,純粹從好奇、積累經驗出發,隨便多看一些也無妨．但是,在認真進行的過程中，還是針對性選擇性強些爲好．

　　你究竟想買哪一類的房子? 這是你要首先解答的問題．美國房屋種類繁多,下面就常見的幾種做個粗略的比較．

一、常見房屋類型與建築結構特點

　　房屋類型與所在區域有很大關系．在城市里,大多數人是住公寓的．除了租公寓的外,不少人是買下所謂合作公寓 (CO-OP) , 或是共有公寓 (condo)．這兩者有相似處,也有相异處．買合作公寓者擁有的是股份,共有公寓擁有樓宇的一部份．它們都有一個管理委員會決定共同事務,征收每月管理維持費等等．

　　另外, 在都市里還有很多的 Town house, 或叫 Brownstone．基本上是屬于彼此連接,但獨門獨户的樓房．磚建築,以二三層居多,也有更高的．沒有車庫車道．很多屬二家庭或多家庭屋．内部結構也有各種不同的布局．有的與普通獨立式房屋沒有什麼大區別,設計時就是爲一個家庭建造的,比較寬敞舒服．有的内部則分成幾間公寓,方便出租．

在郊區, 特別是近郊, 房屋種類最多. 有公寓、 有 Town house、有連幢式房屋, 有半連式房屋, 也有完全獨立式房屋.

在鄉下, 則幾乎全是獨立式房屋. 附帶的土地面積也最大.

當然, 形成這些分別的最大因素是建築用地. 據統計, 如今房屋價值中土地約占三分之一至二分之一的比重. 當然這種算法是不包括鄉下農場牧場式的土地價格. 事實上, 在城郊兩種區域, 房屋的建築面積(以及房屋周圍的庭院)是房產價值最關鍵的一點. 所以買房時, 占地面積大小也就是你要考慮的一個重要因素.

另一個重要考慮因素就是你的居住風格. 有的人比較合群, 喜歡與鄰居交往, 不在乎與其他家庭住得太近. 這些人往往喜歡住在熱鬧方便的地方, 各種活動容易參加. 對他們來說, 市區或近郊的 Town house 或是連棟式房屋都很適合. 有的人比較注重隱私, 不喜歡與別人住得太近, 不大熱中於鄰社間走往活動, 也不想讓鄰居的生活習慣影響自己起居. 對他們來說, 居住的地方最好離鬧市區遠一些. 最適合於住完全獨立型房屋.

有些人則是折中型, 住哪一種房屋都無大所謂. 選擇性也就大些. 你要想想自己屬於哪一類型人, 才可決定哪一種房屋適合你的個性和居住習慣.

•獨立屋還是連幢屋?

Town House 和連幢式房屋以磚房居多, 很結實. 即使年代久了, 多數也是相當堅固的. 都市中的 Town House (常稱 Brownstone)內外部建築細節比較講究, 用料施工品質較高. 這些房屋由於彼此連在一起, 冬季容易保暖, 比較節省能源. 這方面開支小些. 半獨立和獨立房屋保溫性就差些, 要全靠房屋本身保溫層. 同時由於暴露面積廣, 保養 (如油漆) 費用也就高些. 好處是隱私性高, 四周活動範圍寬鬆些, 不易受到鄰居活動的影響.

連棟式的還有一點潛在的問題: 鄰居. 如果鄰居不友善, 產生糾紛的機會較多. 如果不合作, 諸如清潔之類的事也不容易干好. 如果有蟑螂、鼠類也很難徹底消除. 相比之下, 獨立式的要單純多了. 獨門獨院的較少與鄰居衝突. 只要保持清潔, 蟑螂之類很難生存. 一般是不成問題的.

•新屋還是舊屋?

　　究竟買新房子好, 還是買舊房子好? 這不是一個可以籠統回答的問題, 必須要具體情況具體分析。 有的人喜歡買新的, 也有很多人喜歡買舊的, 各有各的道理 (如果你并不一定計較新舊,　只想找到合適你的需要、狀況好的房子,　你的選擇面會很寬)。 但是, 無論你的喜好如何, 了解新舊屋的長短處會使你心中更有數。

•新房子的長處很多:

　　1、 容易保養, 維修費用低。　如果新屋設計合理、用料施工品質合格, 它的主要結構: 地基、牆面、外牆、構架、屋頂、門窗等,　以及主要設施: 水管、下水道、冷暖氣、鍋爐、水龍頭等等, 都可以使用相當多年。 不致出現非拆換不可的問題。 正常維護保養也相當簡單。　這可以省下一大筆開銷與麻煩。 這一點對于年輕夫婦首次買屋比較有利。 降低手上現金緊、時間有限的壓力。 可讓你在好不容易買下一所房子後,　得到一段時間的喘息緩冲, 不致于馬上又要花錢更換設備, 維修改建。

　　2、 設計上充分照顧現代化生活的要求, 帶來使用的方便。 一般新屋設計考慮到現代人生活習慣要求, 對傳統式布局做了較大的更新, 增加使用面積使之更合理。 尤其是當代廚房、浴室、車房備受重視, 壁櫥較多且大, 其它貯物面積也增加。采光、照明講究, 電源流量大,　安裝插座也多些。　結果是使用方便性大大提高。

　　3、 能源消耗較低。　由于新房子采用現代建築材料、技術, 保溫層厚、效率高、門窗嚴實、鍋爐及冷暖氣設備效能好, 比較能夠節省冷暖氣開銷。　這是另一筆可觀的節省。

　　4、 新房子一般配備相當部份的現代化電器, 如爐頭、洗碗機、洗衣、烘干機, 甚至中央空調等一齊出售。 如是訂造, 地毯或硬木地板也可選擇。 有的還連帶露臺。你可以要求將材料升級, 或是做些内部結構的更改, 比較容易合自己的意。

　　5、 新房開發區大多數附設公共娛樂設施, 如網球場、兒童游戲區等等。　由於現在法規較從前嚴格, 這些設施的設計、建造安全性較高。

•缺點:

1、質量不一。　有相當多的建築商貪圖近利，盡量省工省料，常有不負責任之嫌。　特別是使用次等、尺寸不足的建材常有所聞。　很多人因而不相信當今建築工程的質量，認爲今不如昔。當然，這些不可以一概而論。　有名譽的建築商還是比較可靠的. 應該説，大多數新建築的質量還是相當好的.

2、新屋開始時不易發現問題，需要時間的考驗。　盡管通常新屋有十年結構性保修，但有的問題，如地基、框架等，十年内問題的暴露不一定明顯，有時要等到十年以後才充分暴露出來。　就算是十年内發現一些問題，要找回建築商修理也談何容易！是費時費事的麻煩。　由於房屋是建造在土地上面的，重量下壓，會產生正常自然的沉落（ Sink-in ），必須經歷相當時間才會完成這種沉落。　如土地稀松（ 特別是經填充的凹窪地段 ），基礎没打好，沉落過程中受力點不均勻，會可能產生變形，引起房屋不平正、開裂、漏水、門窗開關不順而透風，等等結構性損壞。　一般來説，新屋如有結構性毛病是相當嚴重的。　如果這種問題在十年左右開始惡化，可能導致屋主進退兩難，住下去或是出售都頭痛。

3、内部材料可能比較傾向於便宜、太大衆化。　尤其是樓梯、門、牆面，往往是用較低檔次的材料制作。對於講究用品質量的人來説，比較缺乏品味。

4、如是在新屋開發區，常見一整片地段全是一個模式的房屋，單調枯燥. 要考慮到將來賣房時，很多買主（ 特別是美國人 ）比較注重個性特色，不喜歡選擇與別人一模一樣的東西。

5、價格一般較同地區舊屋要貴些. 對於自己會動手修理改建的人來説，有時買一所結實的舊屋來自己裝修，可能會更劃算些。

* 如訂購尚未建造的房屋，要特別小心: 要知道樣品房與真正出售的商品房建出來絕不可能是一模一樣. 質量方面也可能有相當的差异. 心中要有所準備，免得到時過份失望. 從開始起就要仔細與建築商敲定材料、尺寸、需要更改的細節等等. 并在律師的幫助下以文字形式寫在合同里. 不可含糊，以免他們日後撒賴.

建築商的名譽是最重要的. 選定之前，可以去當地消費者協會、建築商協會、州檢察官辦公室查詢一下, 看看有沒有很多人投訴、結果如何。 無名譽的建築商可以拿了訂金後無限拖延, 甚至一跑了之。 律師是必不可少的。

最麻煩的是建造所需時間無法準確預知。 哪怕是最有信譽的建築商也難保證施工時間。 任何事都可能發生, 有的確實是不爲人所控制的。 如天氣惡劣, 某種建材忽然短缺等等。 你必須要有心理準備, 給自己寬松的時間來應付。 一般來説, 如建築商説需要半年, 你要做一年的打算。

絶不可以一次付清! 訂金是要付的, 但通常不超過 5%。 在簽約時, 要有先決條件 (contingencies), 如貸款申請不到有權拿回訂金, 質量不符合規定也有權拿回訂金等條款, 以保護自己的利益。

大多數情況下, 你要爲材料升級 (如地毯、門窗、樓梯等等), 更改增設等額外付錢。 可以討價還價, 但要準備多付相當大一筆錢。 如果將其算入房屋貸款中, 每月分期付款, 買時輕松些。 但長期而言, 需多付很多。 如以現金一次付清, 則可省下很多利息。 這是財務上一個重要考慮。

•舊屋的長處:

1、建築質量較好。 一般而言從前人建房用料較講究, 尺寸也通常夠大, 比較結實。 由于過去人工不如現在昂貴, 建造商較肯在建築細節上下功夫, 裝飾性强, 比較有品味。

2、地基與框架結構已經過了時間的考驗。 正常沉落已完成。 如果沒有出現問題, 將來也應該無事。 穩定性可靠。 該出現的問題也明顯暴露, 容易發現。

3、住區成熟, 生活設施、交通、學區比較完善。 在看房子時, 可以觀察鄰居及附近地段保養狀況, 容易了解居住環境。 如是新區, 比較難預測將來什麼樣的鄰居們遷入, 心中難有數。

4、舊屋常較寬大, 特別是天花板較高。 庭院面積也常大些, 新屋由于地價昂貴, 常較窄小 (所以設計上必須努力增加使用面積)。 舊屋的樓梯、走道也較寬大, 顯得比較氣派.

5、舊屋比較具有自己特色, 不致於千篇一律.

6、通常價格比相似新屋便宜不少. 如自己會動手裝修, 效果不但更好, 而且
省錢.

7、地產稅通常比新建築低很多. 而且相對穩定. 而新開發區則常因爲增建
生活設施、學校、公路等等, 導致地產稅在短期內大幅上升.

•舊屋的缺點:

1、維修費用高. 如果舊房子年齡在三四十年以上, 未經徹底翻修, 内部設
施也未經全面更新, 則可能要花上相當大的一筆錢來裝修. 瓦面、外牆、窗如需換新,
已是上萬元的開銷了. 如果你發現下水道流水不暢, 可能表明整個系統已經積澱生
銹, 遲早要動大手術, 又是數千元. 現代家用電器需要電流量大, 一般要150安以上,
老房子很少達到. 如果是老式配電板, 屬保險絲裝置那一類的, 房間内插座也不夠
用的話, 則要計劃重新鋪設電綫, 換成跳閘式開關, 以及增大電流量, 才可適應現代
生活. 這又得花上三千以上. 其它如廚房設備、鍋爐等要更新的話也是費工費錢的.
一般來説, 如果發現幾個部份仍屬老式設施, 很可能整個房屋内部都要在不久的將
來徹底翻修更新. 很容易就會花上二三萬元以上.

2、使用功能與布局上常不如新屋合理方便. 老屋常較浪費空間, 分割面積
過度. 走道、樓梯占面積過大, 廚房、浴室又太窄小.

3、保溫性較差. 牆内保溫材料太薄, 或是根本没有. 門窗不夠嚴密、冷暖
氣漏走太多, 增加了能源開支.

4、可能存在危害性物質如: 含鉛油漆、石綿等.

在比較新舊屋時, 最重要的是看設計、建築品質, 以及保養狀況. 不論新舊,

每所房屋的狀況都不同，各有長短。看多了，比較多了才可做出客觀結論。

•磚屋還是木屋？

不少華人特別喜歡磚屋，認為磚屋較結實，容易保養保值。他們認為木屋不結實，保養麻煩，費工費錢。由于大多數獨立屋(甚至半獨立屋)都是木屋，他們因此寧願買連棟型的磚屋，哪怕犧牲隱私性也不在乎。

磚屋與木屋最大的區別其實是外牆材料而已。不論哪一類，房屋的結實堅固程度是由框架木結構決定的。真正支撐整個房屋的是木架而非磚。只要木框架構造合理、用料尺寸夠、施工正確、房屋就結實牢固。美國的木屋可能給習慣了住磚、水泥屋的華人一種欠牢固的感覺，其實這是一種錯覺而已。一般而言，美國房屋是相當堅固的。舉例來說，早幾年加州地震頻繁，三藩市和洛杉磯地區都遭受幾次強震。但對大多數住屋破壞極有限。而在一次強度相似的地震中，當時蘇聯遠東地區的一個城市幾乎所有的水泥、磚樓全遭倒塌性破壞，不可修復。具有諷刺意味的是，幾乎所有俄國革命前遺留的舊房屋都逃過了這一場災難。同樣的事例也發生在中國大陸的雲南麗江市前不久發生的一場強震。大多數倒塌的房屋是近幾十年建造的磚房、水泥樓房，而當地頗享盛名的古代木結構大檐樓房基本上全部安然無恙！

所以說，光從外部材料來決定房屋的堅固性是不可靠的。在新興工業發展國家、地區，大量的樓房是用所謂預制水泥部件運到工地上拼湊而成，最不結實。敵不過美國式的木結構房屋。近幾年來韓國不斷發生樓房、橋梁倒塌現象，就是其七十年代來趕工趕時，粗制濫造的惡果。如今中國大陸似乎也正步其後塵，事故時有報導。

在看房子時，應對其地基、木構架特別仔細觀察。不管外部是磚或木牆都應如此。

如果內部木構架好，外牆用磚當然會增加牢固性，減少保養功夫。但萬一發現地基、牆面有變形開裂現象，則要知道修理磚牆比木牆要困難得多，也昂貴得多！如果沒有結構性問題，單單是某一部位磚損壞，需要拆換也是相當不易而且費錢的. 補好後, 顏色也往往不統一, 有一種"打補丁"的感覺. 找勝任稱職的泥水匠也不容易.

而且, 買磚屋也比較貴.

另一方面, 木屋(包括真正木料拼板牆面、 塑料 vinyl、 鋁拼板、 水泥涂料 stucco 等) 則較易修補、拆換牆面. 而好的材料如果保養 (如按時油漆) 得法, 也是可以用二三十年以上的. 如果你并不打算住上幾十年, 也許不用擔心換牆費用. 當然, 在外牆保養方面, 木屋總是要比磚屋費功夫、費錢的.

還有, 不論哪種外牆材料, 内部保溫層很關鍵. 就算是磚屋, 保溫不好也影響居住舒適程度和能源開支, 反不如保溫好的木屋.

總之, 要全面考慮. 看保養、保溫、地基、框架、木料是否良好, 外牆材料狀況是否需要拆換修補. 而不要單單爲了外牆材料而忽視了其它更關鍵的因素.

二、 地形對房屋的影響

這里所説的地形, 包括坡度、與街道距離和角度、 方向、及采光、 通風狀況等等. 這些都會直接影響到日常生活及再售價值.

原則上, 房屋應建在坡上, 高于街道水平. 這樣有利于排水, 保持房屋干燥. 因此就消除了對房屋威脅的一大隱患. 其次是采光、通風也好些, 利于健康, 以及室内植物生長. 再有, 景觀也寬闊些, 給人們一種"往上望"的氣派感.

但是坡度太大也有一定危險, 特別是對老人、小孩來説, 下雨下雪時行走容易滑倒. 處于坡頂的房屋冬季受風刮, 可能會較爲寒冷, 能源開支較大.

相對來説, 房屋座落在坡下方, 或是在較低凹的位置, 周圍土坡較高的話, 冬季可能較保溫, 能源開支低些. 出入行走也方便些. 但是排水方面就要特別小心了. 由于水往低處流, 周圍雨雪水長期流向房屋, 對地基、地庫不利. 如果排水不暢, 容易造成室内受潮, 腐蝕木結構. 萬一地庫滲水, 問題就嚴重了. 爲了防止滲水, 必須有排水溝, 甚至要建防水牆來保護地基.

有些連棟式房屋的車房是低于街面, 向下斜入的. 不但要注意排水, 而且積雪結冰時行人特別要小心滑倒.

房子與街道距離和角度也有值得注意的地方. 距離太近, 受躁音灰塵影響大. 而且給來客觀感不夠氣派 (這是將來售屋時買主的第一印象!). 距離太遠, 又得花費很大氣力掃雪.

如果座落在街口拐角處, 比較容易進出, 庭院也一般較在街區中部的大些. 但隱私性差些, 而且庭院位置比較令人不顧逗留. 還有一點要注意: 如果角度不理想, 來往車輛的前燈可以直射進室内, 令人不愉快.

在車輛不可穿行的盡頭街 (dead-end street) 深處, 隱私性最高, 而且兒童户外游戲較安全. 但如果該街是單行道 (one way street) 的話, 則要考慮到每天退車出入的不便.

方向位置, 如 "東西向" 或 "南北向" (即所謂 "坐南朝北") 并不一定有決定優劣的意義. 但整體布局設計卻可以增益補短. 例如房子北面增設車房, 或種植常綠樹防風, 可以幫助節約能源; 南面將遮光樹木砍除, 擴大窗口以增進冬季自然光是另一良方. 露臺位置最好應在東南面, 以避免夏季人在下午西曬時太熱, 不舒服.

後院平坦有利于兒童玩耍. 但是有些人喜歡有點坡度, 因爲在某種程度上有利于創造別有情調的園林景致.

注意房屋附近有無陡峭的崖壁, 或是深水塘、河流之類危險地段. 小孩在這種地段玩耍是令家長提心吊膽的.

三、 制訂條件取舍, 決定必需與可接受範圍

　　可以說, 没有一所房子是十全十美, 完全合乎人們理想的. 特別是對於我們一般薪金階層或中小生意人來說, 要以出得起的價格來買房子, 就不得不對我們的理想做出一些現實的調整. 也就是有所取舍, 爭取得到最適合我們需要的, 放弃一些雖然想要卻并不十分必需的東西. 用地産經紀常勸客户的話來說, 就是"買我們所需, 而不是我們所想要的"（"Get what we need, not what we want."）.

　　你可以根據你家庭的需要, 列出一個"必需"表, 以及一個"想要"表. 任何一所房子, 必須符合前者, 又最好也有後者的一部份. 這樣, 你可以對照這兩份表, 決定哪一所房子值得考慮追求.

例如:

必需的:	想要的:
□ 獨立式房屋	□ 天然煤氣能源
□ 三卧室	□ 中央空調
□ 兩浴室	□ 木露臺
□ 地庫	□ 雙車房
□ 車房	□ 前院可 做花園
□ 家庭起居室	□ 天窗
□ 客廳	□ 走入式壁橱
□ 硬木地板	□ 壁爐
□ 可供小孩玩耍的後院	□ 游泳池
□ 可進食的廚房	□ 落地式玻璃推門
□ 正式餐廳	□ 主卧室附全浴設備
□ 足夠的壁橱	□ 水暖式暖氣
□ 其它:	□ 其它

四、風水方面的考慮

遠古以來，人們即相信住宅對人有很大的影響。 古代經典中《黃帝宅經》就有論述："地善，苗茂盛；宅吉，人興隆。" 意味着人生吉祥有賴于住宅吉相。 孟子曰："居可移氣，養可移體，大哉居室。" 更說明古人深信居處可改變人的運氣，如同營養可以改變健康一樣。

所謂住宅風水，是以五行、易經、陰陽、八卦等理論爲基礎， 根據人們對住宅方位座落、外形與内部結構的選擇而做出一系列的研究，總結出來的一套學説。雖然不一定使每個人都信服，卻也在中國流傳了幾千年。 甚至在科學昌明的今天，仍使相當多的華人，甚至一部分西方人士認爲有一定的道理。 據報道， 越來越多的美國地產投資商也在決定買賣交易時請教風水專家。

哪怕你完全不信這一套， 可是如果你認爲將來售屋時可能會賣給華人， 也許你現在選屋時， 也應該顧及一下這方面的考慮，因爲很多華人買主是很注重風水的。

從另一層意義來看，也許風水并不僅僅是一種迷信而已。 一些當代的建築學家在研究了一定的風水理論後，也認爲古代風水與現代建築科學的一些基本原則相符， 只是解釋不同罷了。 我們亦可從這一層所謂現代住宅風水原則來做購屋時風水上的考慮。

現代住宅風水，可以從住宅對人體健康和精神狀態的影響上來分析。

健康方面：采光良好、 空氣流通的房子， 能使居住人充份享受大自然中有利的因素；密閉性強，不使外界寒署、 風雨、 濕氣、 漳氣(污染)、 害蟲等爲害人體的因素進入室内． 這樣即可維護居住人的身體健康。

精神狀態方面：環境、 方位、 造型、 感觀及布局使用方面， 能使人心情愉快．促進精神的旺盛，從而保證居住人和諧平安地過日子。

能滿足這兩方面的標準,則屬吉宅.

具體來説,有下面幾點考慮:

1、建築與周圍環境關系. 建築再好, 周圍環境惡劣也没有意義. 例如四周特別是東南面有高大建築物遮擋陽光, 會使該屋顯得陰冷潮濕. 附近有化學工廠、污水、垃圾處理場之類, 會使得有窗不能開, 影響空氣流通. 造成人心情不暢, 怨氣常生.

2、建築本身優劣. 如果設計布局不好, 欠缺太多, 也是凶相. 最好避免前高後低的形狀 (有由高往低走, 後繼無人之虞). 西高東低、北高南低爲富貴出賢之相.

3、方位上, 最好是東邊有潺潺流水, 象征着青 "春" 生命連綿不斷; 西有平坦大道, 象征着 "秋" 實發達興旺; 北面有屏障, "冬" 令白虎守護; 南有池塘, "夏" 令百物生活快樂.

4、土壤: 土質結實而透水性好, 吸收養份而又不積水. 草木茂盛, 象征着五谷豐收, 富庶滿足, 享受安樂, 易生恒心. 如土質不好, 干裂枯燥, 或久積潮濕, 或發污氣异味, 則不宜人居. 有可能地下藏有礦物、廢弃工場之類.

5、造型上 (包括占有土地形狀) 不應是奇形怪狀. 不宜有尖角凸出凹進, 或與鄰舍有糾纏不清之嫌. 以平穩正角爲佳.

6、避免正門面對街口.

7、門窗應結實,最好還有檐廊庇護.

第六章　怎樣初驗房屋

> **本章要點:　外部狀況．內部結構．保修程度．小心改建增建部分．警惕漏水的地庫．使用方便性．各個房間檢查．電路、排水和基本設施．維修花費的估算、危害性物質．增進價值的附屬部分．根據房屋狀況討價還價**

這是本書篇幅最大的一章,也是最重要的一章.這里包涵了大量的資訊、專家技術性指導、忠告與經驗之談.希望你不單要仔細閱讀,而且在看房子時根據實際觀察對照一下有關部分,以幫助你了解和做決定.

**首先要申明一點:除非你本人是從事建築業工作,對房屋各部分非常熟悉(不是自以為很了解而已),你必須在認真考慮買一所房子時雇請一位合格、有經驗、有執照的驗屋師來做專業性的驗屋并寫出詳盡的報告.親友業余驗屋是靠不住的!

本章是供你看房子時初步了解之用.是屬于資訊參考性質,而不可以取代專業驗屋師的工作.為什麼你需要了解驗屋的程序和內容呢?　因為你不可能也不需要每次去看房子時都花錢雇人去驗屋(每次費用一般都在$200以上).　具備一些基本知識,可以幫助你篩選掉很多不值得考慮的房屋,而讓你集中精力于一兩所使你真正有興趣、條件大致符合要求的房屋.　那時你才有必要花錢去請人正式驗屋.總之,了解驗房的基本內容和知識,會幫你省下很多麻煩與金錢.

一、幾點忠告和準備

再重復一次:地區問題不可輕易妥協苟且!不要買下見到的第一棟房子,理由請參看前面有關章節.

當經紀約好屋主,帶你去看房子時,你要帶上一只電力充足的手電筒,最好是那種綉珍型的強光手電筒（Mini Mag），既方便收又夠力。 最好也帶上一個小筆記本和筆，隨時（或稍後）記下自己的觀察和疑點，以便比較和計算。

　　●其它幾點忠告：

　　1、多看多問。有什麼關于地段、鄰居、房屋本身的問題，盡量當場了解清楚，以免糊里糊涂的，影響分析決定。

　　2、相信自己的直覺。第一次的印象往往最真實。如果一下有什麼東西使你心中敲響警鐘，那就是個問題！不要輕易讓別人信口雌黄蒙騙過去。在心里有打個折扣，也記在本子上，以便進一步核查。

　　3、看一個房子學一點東西。比較多了，自然成爲專家。 所以，要認真看。哪怕對這個房子沒有興趣，也可以找到一些增進自己見識的地方：門窗特色、裝飾細節、設計風格、或是某樣電器或設備的特點，等等。

　　4、要有心理準備，看上幾十所房子。保持冷靜，寧慢勿快。倉促出價要不得！

　　5、最好是白天看房子。如果剛下過大雨、大雪，更容易發現漏水問題。但是你還是需要電筒去看室內暗處的。

二、房屋的外表

　　外表很重要。這不光光是一個感觀的問題，它可以告訴你很多問題的。

　　有經驗的買主一眼看過去，就可以知道這個房子是否受到主人的愛心維護。如果主人肯花功夫維護、改善外表的話，它的内部當然也會受到精心的愛護，那這個房子就很可能問題不大。

　　相反的，如果主人漫不經心，任由外表失修衰殘，很可能内部也會受到忽略，甚至破壞。多年下來的愛護與否，不是臨時打掃清理一下就可掩蓋過去的。

　　說起來奇怪，但你會親眼看到：居然有人想賣房子時都舍不得臨時打點門面一番! 有的人就是拿自己的房子不當一回事. 這種房子沒有問題才是怪事!

主人舍得花錢, 費精力來改善自己的房子, 必然會營造出一種溫馨家居的總體印象 (homey). 前門、臺階、窗戶、庭院、甚至欄栅都會有一種維修得當的感覺.

當然, 這第一印象好了也不可以完全排除潛在的問題的. 有的問題是屋主沒有能力, 或是在出手前不再願意花錢去解決了的. 我們還是要仔細察看. 特別是以下幾個部分:

1、房子是否平正穩固?

先不要急着進屋. 走到房子的邊沿部位, 用眼光從上面順着牆邊滑下, 落在地基與屋架交結處, 查看其是否是一條直綫. 有沒有凹凸變形?

如果前、左、右 (現在你可能還沒有機會到後院) 三面牆都平正, 這個房子很大程度上可說是穩固的.

看看地面與基礎交接處是否有裂縫、陳舊水痕、泥灰剝落的迹象, 這些也是不易掩飾的. 順着外牆走, 注意是否有雜草生長在與牆腳太近的地方, 鋪有水泥或磚的地面是否高過泥土, 會引滴水流走, 或是相反. 同時也要注意看是否有螞蟻駐巢的痕迹.

這些細部的觀察, 可以幫助判斷房屋是否有受到結構性毀壞、滲水、蟲害等等破壞.

2、瓦頂與雨槽 (Roof and Gutter /Spouts)

瓦頂與雨槽的主要作用當然是遮水和排水. 水的滲、漏是房屋最大危害之一, 所以瓦頂和雨槽的功用也就特別的重要.

　　看看瓦面的新舊程度 (多比較幾家你就會大致猜出年齡)，有無翹起、起泡現象，是否幾層重疊鋪設，是否平整。　太多層的瓦增加重量，會影響到屋頂梁架的承受力，可能導致結構性損傷，這種情況在寒冷雪多地區更爲嚴重。　正確的做法應是在舊瓦到達使用年限時拆除重鋪。重疊加鋪省工時，卻不符合建築規定。

　　屋頂的斜度是另一個值得重視的問題。　坡度越陡的屋頂，水越容易流走，瓦面受蝕也越慢。　特別是在寒冷地區積雪消融時，流水排走是越快越好。　坡度小的瓦頂一般較坡度大的難保養些，毛病也多些。

　　平頂房 (常見於連幢式建築) 其實也不是完全平的，而是有小角度的傾斜。但往往因積水太久容易漏水。　水泥頂由於熱脹冷縮的緣故會起縫，所以必須加鋪瀝青類涂料。并需要不時檢查及補充涂料，較麻煩。　這類房子在大雪積壓時要小心！寒冷地區偶有由於積雪過重而壓垮平頂房的事發生。　如果遇到這類房子要特別仔細查看定室內有否漏水迹象。　如怕麻煩的話，最好迴避平頂房。遲早都有麻煩的。

　　如果懷疑瓦頂不好，你需要在檢查内部時，特別注意看天花板是否有水漬。特別是要用手電筒照壁櫥內上方、閣樓內壁有無進過水的迹象。　室内一般牆面屋主可能會重新油漆過，不易看出名堂。而壁櫥內閣樓上卻難以逃過我們的觀察。手電筒的妙用此爲其一。

　　因爲你并沒有機會爬到屋頂上去細看瓦面，很大程度上你只能通過提問來了解瓦面情況。　問問屋主瓦是什麼材料、多少年了。　不同材料有不同的壽命。一般來說，瀝青類 (asphalt) 瓦片可用十五到二十年，超厚型的可至三十年。　當然在寒冷多雪多雨地區就沒有這麼長的使用壽命。　紅雪松 (Red Cedar) 瓦面可用二十五年左右。陶瓦、水泥瓦在四十年以上，石板瓦 (slate) 則可用好幾十年甚至百年以上。

　　可是要注意，在海濱地區硬質瓦反而不一定好。　因爲海鷗之類的鳥會含着貝殼從高處扔向硬瓦，以圖敲開貝殼去吃里面的肉。　不少瓦頂因而遭受損壞，被迫換用軟質地的瓦面。　這是一種有趣而又惱人的現象。

　　再問一下屋頂是否漏過水，如何修好的，多久了。　當然人家不一定會老實告訴你，我們可以結合自己觀察去判斷是否屬實。

換瓦頂的費用是相當大的。如果你認爲要換,或是 心中存疑,首先減去至少三至五千元甚至更多換瓦費用。如果觀察到漏水已經影響到木梁及内壁其它材料,花 費要大得多。通常由於很難準確找到漏水原因和位置,需要揭開瓦面去找問題。加上要拆換瓦面下的木板,甚至要換一些梁柱之類,你要做好花費一萬元以上的心理準備。

瓦面漏水影響甚大,是令人頭痛的麻煩,不可低估。

據估計,三成以上出售的舊屋需要在未來一兩年内換瓦! 所以我們要仔細查看瓦面情況,同時估算一下費用。

除了瓦頂,雨槽也是排水的重要部分。 雨槽是圍着瓦頂邊沿建造的,有的用鋁,有的用塑膠。 它將水斜引向通管流到地下的水道排走。 如果原先設計、安裝不妥,水流就不暢。會造成雨槽變形、脫位,引起雨水順屋檐直接冲到地基上。不但腐蝕基礎,更會引起地庫滲水。或腐蝕屋頂木架結構,麻煩多多! 修理花費可至幾千元,不可小看。在寒冷地區,溶雪排水不暢還易在雨槽形成厚重的冰塊冰柱,進一步損傷結構。有的人因此在雨槽加設電熱綫以幫助溶雪,但只是治標不治本的方法,并不得力。如果你要買雨槽有問題的房子,要考慮重新設置。要減去幾千元房價。

在觀察時, 注意看屋檐上有無長期流水滲出的痕迹, 做爲判斷雨槽是否脫位的依據。

屋檐的寬度也有一定考慮。寬的屋檐幫助遮擋夏日直射陽光,保護窗户與部份牆面,也降低室内溫度。但冬季結冰時重量加大,卻可能造成變形,損壞雨槽。要具體看建造的結實程度。如果結實,寬檐是益處很多的。

3、外墙材料 (siding)

一般流行采用的外牆材料有磚、 石面、 水泥批燙抹面 (stucco)、 雪松 (cedar)、 杉木板、塑膠及鋁質板, 等等。 堅固耐久程度以上順排。當然也要看工藝及保養情況。磚牆最易保養,但也要注意其質地與年齡。一旦磚牆出現破損、失修斑剝現象,修理起來不但費工費時,也很昂貴。必須雇請高手師傅才可勝任。 另外, 補好的部位很難掩飾其 "打補丁" 的樣子.

　　鋁和塑膠質的最便宜, 但也要花上五千元以上, 甚至上萬元. 一般可用十五至二十五年左右. 雪松不易朽, 也不遭蟲蛀, 可用四五十年左右, 但要花費一萬五千元以上. 油漆過的杉木價格與耐久性皆屬折中.

　　如果你查看到外牆的凋朽狀況, 心中要打上萬元的折扣了.

4、其它外觀部位

　　其它外部的樓梯、扶手、門窗、廊柱、欄柵等等, 也是需要查看的. 它們是否受到體面的維護? 還是有一種受人逐漸遺弃拋荒的感覺?

　　它們的材料多種多樣, 有的屬便宜大眾貨, 有的屬高檔華麗型. 由于是在外部受日曬雨淋, 關鍵還是看保養功夫. 再好的木料長久不加油漆保護也要變朽, 如有損壞不加修復只會越來越壞. 普通型的材料加以妥善維護也可以用很多年的.

　　如前所述, 主人忽略外部的, 也不會怎樣保護內部. 入屋之前, 你已有三四分心理準備了. 要相信自己的直覺, 預感到這一點.

　　另外, 庭院園藝也說明一些問題. 它能使房屋價值增高, 更使家居生活顯得生機勃勃, 情趣盎然. 所以, 精明賣主常特地將庭院整理一番, 使其充分顯示出色. 這是使買主産生良好第一印象的高招.

　　要搞好園藝栽培也確實不是一件容易的事. 需要好的土壤 (有的人賣屋時刨一層表土去賣!), 精選的植物, 以及不斷的護理. 不用說, 也要花很可觀的錢. 你只要跑一趟植物店看看就知道了.

　　樹木還有實用的一面. 常青樹木種在房子的北面會有冬天起到擋風的作用; 落葉樹木如種在南面則夏季遮陽, 冬天又不擋光.

　　但樹木 (包括灌木與草本植物) 不應該種植在離房屋太近的地方. 爲了防止

樹根侵入地基牆,樹木應距離房屋至少十尺。特別要警惕柳樹 (willow)、楊樹(poplar)。它們特別 "渴", 會將根延伸很遠, 甚至會穿透基牆去尋找室內下水道, 破壞性大。

　　灌木叢也不應太靠近房屋, 以免長期陰護害蟲。　同時從安全角度考慮, 沒有灌木叢使人一目了然, 不讓宵小之徒躲藏。

5、警惕房屋增建部分

　　房子的設計是一門科學, 各個部位的受力是有限度的。　原始設計 (original design) 一般是以當初所需而決定用材。 如要改建、增建, 必須得到相應的措施來加固新受力部位, 維持整個房子的堅固性。 通常改建時, 屋主要申請施工許可, 經樓宇局派員檢驗合格才可獲得入伙紙 (Certificate of Occupancy 或簡稱 CO), 即完工許可證。

　　可惜不是人人都明白其中道理, 依照規章辦事的。 事實上, 很多的屋主自認爲懂行, 也不管法規程序, 擅自動手改建、增建自己的房子。　常見的有增加車房、增建 "太陽房" (Sun Room or Florida Room　佛羅里達房), 或將外廊加牆改成一個小廳, 還有依房而建的木露臺 (deck) 等等。

　　這些會造成買房時過戶的困難。 因爲沒有入伙紙, 銀行可能會拒絕貸款。 或是有條件貸款, 規定限時拿到補申請的入伙紙 (要花幾千元!), 或限時拆除增建部分。麻煩不少!

　　另外, 增建部分很可能是會影響整個房子的堅固性的。 如果沒有相應地加強地基, 選用合適的材料, 或是施工不當, 是可能會慢慢將房子拉扯變形、下墜、開裂等等. 影響甚大!

　　原始設計房屋整體感強。 改動後總會有畫蛇添足的別扭感, 或是破壞平衡性, 看上去怪怪的, 不舒服。 很少有恰好合適的改建。

　　如果發現有改建、增建部分, 心中要特別警覺。　就算自己看不出有什麼問題, 也要準備請教專業驗屋師。 同時要考慮法規上的麻煩。 如果(很大機會!) 屋主拿不出入伙紙, 麻煩是不少的.

6、整體印象

在查看以上幾個部位後, 你可以停一下, 再四周圍瀏覽一番.

住區地段、鄰舍、庭院、房子外觀、式樣、門窗、臺階、 材料保養狀況等等, 已經足夠形成一個整體印象了.

設想一下自己是主人, 將在此處與家人長住, 招待親友。 你是否覺得舒適、輕松?

再設想一下你會如何改造外觀部分。 盡量現實些, 估計困難程度與花費. 最後再設想一下你將來出售此屋時買主的感受. 有些缺點你也許會覺得: "這不算什麼,我可以忍受。" 但別的買主會不會容忍? 也許這正是此屋尚未出售的原因!

有了整體印象, 心里有個底. 現在你可以從容地進屋查看了.

三、房屋的結構與總體堅固程度

一幢房子最要緊的當然是它的結構了. 結構設計、用材、營建以及維護合理, 自然堅固, 才有存在的價值. 也有進一步維修、改善、增值的可能. 如果由于種種原因, 結構已經動搖變形, 則屬危屋! 即使可以施工挽救, 動 "大手術", 也難免困難重重, 毛病多多, 價值不高. 除非買得十分便宜, 你本人又真正是建築內行, 否則見到結構出問題的房屋, 還是躲避為妙。 不要輕易聽信買主或是裝修商的花言巧語. 一旦危屋了你手上, 就是你的頭痛和惡夢!

買車時我們都知道有那種所謂的 "檸檬車" (lemon car), 修來修去就是修不好,只有退掉. 所以政府有 "反檸檬車法" 來保護消費者利益. 其實房屋也有類似的 "檸檬房", 也是越修越麻煩. 可是政府卻沒有類似法案來保護買房者, 只是有規定要地產商如實報告房屋的重大缺限. 但這里面問題比較復雜, 不容易依此規定執行. 很大程度上是靠地產商的自覺和誠實. 爲了保護我們自己的利益, 我們還是主要要靠自己的知識, 小心查看. 當然, 在正式請人驗屋時, 找到合格負責的驗屋師, 也是防止上當的重要環節.

如前所述, 房屋設計不易改動. 所以房子最好是未經過結構性更改的原始建築. 我們要特別小心查看這所房子是否遭人改來改去, 有增有減. 多問問題, 同時要及時在筆記上寫下自己的疑問之處. 常見更改之處除了前面說過的庭廊、車房、露臺之類增建部分, 還有將客廳加大. 有的人將支撐牆 (load bearing wall) 拆開以增大客廳面積, 而并未增補足夠的支柱來維持房屋的穩固, 日子久了當然會出問題.

比較買車, 檸檬車比較難看出. 因爲所有零件部位是隱蔽的, 看也看不出什麼名堂來. 買房就不同了, 你可以四處內外去看、去摸、去開關 (門窗、水等). 明顯的問題如變形、動搖、開裂、漏水之類是較容易發現的. 也不是非要專家才知道.

簡而言之, 只要我們有一些基本常識, 小心去巡視、詢問, 是不應該買到檸檬屋的.

** 還有一點也有提醒作用: 通常毛病多的房子也是反復經過買賣轉手的. 每個買主動動手腳, 更加重了房子的毛病. 比較好的情況是賣方屬于原始屋主(original owner), 或是住了一個相當長的時期.

下面讓我們來看看幾個重要的結構部分:

1、基礎 (Foundation)

一幢房子的基礎是最重要的結構組成部分. 基礎不牢, 百病環生. 這是顯而易見的常識, 但也最易受忽視.

查看基礎時, 最關鍵的是看它是否夠厚夠深, 用什麼材料和方法建造, 是否平正無缺陷, 是否干爽無濕迹. 這些方面有的要從外面看, 有的卻要進入地庫才可看到. 如沒有地庫的則稍難些.

基礎一般應超過10英寸厚. 越大的房子越要厚.

根據地區氣候不同, 深度應在地霜綫以下 (霜綫 frost line 是指土地表層到從不結霜的那一深度), 才不致受基地縮漲影響而變形。由此可見有地庫的房子基礎較易建牢。有的房子無地庫, 只有一個可爬入的空間 (crawl space), 要注意通風問題。因爲熱溫引起潮氣, 如果凝聚不散, 久了會影響基礎上的木結構。同時由于人不到, 一些小動物可能鑽入築窩栖身, 有可能會造成一些破壞。

有的房子連這種空間也沒有, 而是直接在水泥地面上建造, 叫 slab foundation。要看土地情況, 是否穩定結實, 或是下陷引起房子變形。

材料方面, 一般有水泥澆注式, 水泥磚兩大類。也有一些老房子是用石塊加灰漿建的, 甚至有一些簡易型的房屋 (特別見于渡假屋一類建築) 是用木料來做基礎的。

原則上, 任何建築都不應將木料接觸土地。潮氣、蟲蛀會逐漸將木料腐蝕, 使其失去堅硬度。早期的老房子有的是將大木梁直接建在地上的。不用説, 這種建法的房子哪怕是做渡假屋也不應考慮。值得注意的是, 近十幾年來, 由于高壓處理木料 (pressure treated wood) 工藝的出現 (用壓力逼進防水防蟲的化學品處理而使木材在三四十年間不易變形變質), 一些建築人員求省工時, 又有將木料直接建在地上的傾向。特別是在加建一間房, 或是建露臺時不少人這樣做。要小心! 高壓處理木材還是不可代替水泥地基的。遲早出麻煩。

現在很多新房, 特別是成批建造的, 是用高強度水泥澆注式基礎, 非常堅固。可以説是最好的方法, 幾乎一勞永逸。

年代不太久, 包括現在仍廣泛采用的還有空心水泥磚砌成的基礎, 也是非常牢固、 很好的方法。需要注意看接縫處是否完好未受潮。但以上這兩種基礎如要做改動卻十分困難。

除了木料直接建在地上, 最差的還有石塊灰漿建法。也常見于真正上了年代的老房子。這是當初工匠用雜石料草率用灰漿堆砌成形的一種省錢方法。由于石料不規整, 石灰爲主的灰漿又不耐久, 時間一長水會滲入, 草藤也爬入縫內, 基礎就壞了。真正解決的方法只有重換水泥地基, 開銷巨大。這種房子絕對應迴避。

　　還有一種上面提到過的水泥地面基礎（slab foundation）。本世紀二次世界大戰後建屋潮時由于爲圖省事而流行了一段時期。現在仍有用此法的。在美國南部、西部氣候溫和地區更是處處可見，東北部亦有相當數量。這種房子沒有地庫，是將水泥直接澆注在地面上建成的。如果地面結實平整，特別是在氣候溫暖地方，倒也是一種可行的方法（如果是填充地就不太可靠，地面下沉時會開裂變形）。其缺點在于，水泥在長時間熱漲冷縮後也許會出現細小裂縫，如果有白蟻順縫爬入，很難治理。同時水泥地面冷，易返潮，如保溫不夠會使暖氣費用增高。而且踩上去覺得冷。另外，如果要修理或增設地下管道要挖開，很困難。

　　在看地庫或是只有爬行空間（包括任何低于七英尺的地庫cellar），除了看有無滲漏水迹，也要注意通風狀況。如果通風不佳，房子內部熱量引起的潮氣排不出，會影響到釘在水泥基礎上的木料底梁(sills)。如果木料未經高壓處理，會慢慢變腐。關于這一點，前面提過，下面看地庫時還會再提到。是很重要的一點。

　　基牆上有小的直綫型裂痕，大多數情況下是屬于房屋自重正常下沉引起的表面變化。無大礙，只需用填充料補實即可。橫型長裂紋則是有問題的警示。新屋開裂是下沉不均所致，問題可能會逐漸惡化。

　　基礎與土質也有關系。有的地段原是土質稀松或低凹積水之處，本不宜建房。由于地價昂貴，建築商填土造地再蓋房出售以求厚利。如遇到這種情況要特別謹慎。一般土層會逐漸下沉，如基礎不夠深厚可能逐漸造成房屋傾斜、變形、開裂。價值大跌不說，安全都有問題。ABC 電視臺的 20/20 節目曾對此調查，做過揭露性的專題報道，不少新房子幾乎徹底報廢! 很可怕! 如果房子已有十年以上歷史，或許情況已穩定。如果嶄新房屋，必須要考慮到這個問題。一般新房子只有十年結構性保修期，也許并不夠長，而且保修到什麼程度也是難扯清楚的。爲了避免將來麻煩，最好在新屋開工不久時就叫驗屋師去看看基礎與土質問題。

　　其實以當今科技來看，如不偷工減料，用高強度水泥澆制的帶地庫的基礎即使在填充地上也是可以建好的。但另一個考慮是排水防滲的問題: 如果填充地面積不夠大，房子周圍地面仍低凹的話，水還是會朝這個方向流來的。對房子不利。一定要有有效措施將流水從房子附近引走。水不可堵只可引，再厚的基牆也不是長治久安的方法.

　　**在看基礎時, 除了看深厚度、材料、建法外, 最主要的是看它有無滲水、通風問題. 在地庫裡用鼻嗅可聞到有無潮味, 如通風不佳會有异味. 用手在角落處摸塵土、木料可幫助了解有無潮濕.

　　如果發現房屋有任何改建增建部分, 應特別小心提防將木料直接與土地接觸的做法. 除了問清楚增建部分是否有入伙紙 (C.O.) 外, 更要仔細看改建部分是否嚴重削弱了房屋承重力, 基礎部位有無相應增強措施, 用料施工是否合乎規格. 如果用料得當、建造得法、質量講究, 就不會有什麼問題. 但很多屋主自認爲很勝任, 卷起袖子就干. 材料、施工方法、工藝都欠火候. 甚至于一改再改, 把好好一棟房子弄成隱患無窮. 出現變形後, 會有門窗開關不順、 地板不平、 反彈, 牆壁開裂等等. 你如見到有改建迹象, 又有上述毛病, 就心里有數了. 加固不是沒有可能, 就看是否值得麻煩與金錢了.

2、屋架結構

　　房屋的屋架結構就象人體的骨骼結構一樣, 既是整體, 又分別支撐各個部位, 不可有缺欠.

　　屋架結構主要是指其木構架 (wood frame structure). 所有美國式的房子都是靠這個木構架支撐的. 磚屋也不例外, 磚主要只是用作于外牆材料. 當然有一定幫助加固功效, 但根本上仍是依靠其內部的木構架來支持整個房子. 如果想以磚來取代木架支撐, 就會削弱整個房子的堅固性. 正確也是常規的建法是在木架上釘一層五合板 (plywood), 中間填充保溫材料, 外面再砌磚牆面, 或是其它材料牆面. 管道、電綫也是在木架的木主上鑽洞通過來鋪設的.

　　所以說, 木構架是一所房屋的最基本、最重要的結構.

　　木構架有三個最主要的組成部分: 地板構架、牆構架和屋頂構架. 這三個構架的設計、材料與施工的品質決定了房屋的堅固程度、耐久性及可改造性.

　　地板構架的最底層地梁 (sills) 最重要. 一般爲2 × 10英寸木料平放在水泥基

牆上, 用鏍絲釘固定. 這是唯一的木料直接與水泥接觸 (意味着受潮氣浸淫), 常常毛病也就出在它身上. 因爲它一旦變質, 硬度降低, 附于其上的木料就會動搖. 所以較新的房子都是用高壓處理過的木料來做地梁的. 如果你認不出高壓處理木材, 可以去木行 (或是 Home Depot 一類的家庭中心 home centers) 去看看便會分辨. 不少新屋甚至在地梁木料下再加墊薄不銹鋼片防潮.

在地梁上, 釘有較粗大的頭梁 (headers), 其上由中心開始, 每隔16寸用2 × 10寸木料連接房屋前後兩端基礎, 其間再橫向用短枋鎖定, 不讓其移動. 這樣就建成了地板構架的骨架. 其上再用五合板鋪設, 形成粗地板 (rough floor). 上面可隨意鋪硬木地板或地毯.

地板架構起了一種在基礎與上層建築間的橋梁作用. 所有的樓板、地面和牆都建于其上. 如果地板構架用材不足, 施工不善, 整個房子不會牢固.

驗屋時要注意踩在地板上的感覺. 如有可能, 更要看看地庫頂上木料尺寸、密度和好壞. 有的地庫用的是懸挂式天花板, 可以征求同意, 揭開一塊天花板, 用電筒照進去看. 如果踩在地板上覺得下陷明顯, 樓板吱嘎聲大, 則顯示出構架有毛病, 需修理加固. 走到室內中心跳一下. 如果地板四邊跟着一齊彈抖, 則是下面少了支撐牆或柱. 也可能是屬于 "氣球" 型結構屋 (balloon frame construction), 需要加固. 關于這類結構, 下面還會介紹.

牆構架支撐上一層地板、天花板及屋頂. 牆面材料釘在其兩面, 中間鋪設電纜、水管、冷暖氣管道等, 還要填充保溫隔熱材料. 不論牆面材料如何, 牆的厚度很重要. 用2" × 6"木料建的構架可填充的玻璃纖維 (fiber glass) 隔熱層就遠多于用2" × 4"木料的. 因爲其保溫度也可達到相當理想的R-19, 而用2" × 4"的只可達到R-13. 保溫度高當然也減低了暖氣費用, 長久下來是一筆相當可觀的節約. 牆內木料架設也是每16"一根.

在看房子時, 多注意不同房屋牆的厚度, 有助于判斷能源開支. 屋頂構架是緊密連接其它構架的重要一環. 它要能夠承受所有屋頂材料重, 同時延伸到屋外形成屋檐部分, 保護牆面材料, 不讓雨水直流到門窗上, 也遮住部分直射陽光.

　　如前所述, 一般屋檐寬的房子防雨防曬功能較强. 夏日陽光頂射被檐部遮擋, 冬天斜射的陽光則可以不受遮擋的照進室內.　這是節能以及增加舒適性的優點. 但是由於屋檐越寬重量也能大, 特別是在結冰時更加重, 使得屋頂構架特別吃力, 因此屋頂構架本身必須較窄檐的房子更爲强固.

　　屋頂斜度陡使雨水流走快. 較難積雪, 融雪時排水也快, 因而不易漏水. 瓦片、內部材料也難受潮氣漚壞. 但爬上去危險, 維修保養不便.　同時斜度大的屋頂也意味着室內空間比較平頂的要小些.

　　斜度較小的室內空間大, 容易爬上去維修.　但由於積水積雪難消, 潮氣易浸入瓦底, 引起木材變質.　也較易漏水.　完全平頂的房屋在多雨多雪地區是屬於不妥的設計. 問題多, 修理費用高.

　　屋頂構架的木料, 支架是2" × 8", 橫向連接是2" × 6",　間隔也是每16"一根. 檢查閣樓時, 要看它們是否完整無損、有無滲水迹、有無腐壞變質的問題. 同時閣樓內要裝有通風設施以保證潮氣 (室內産生的蒸汽上升而形成) 可以有效的排走.

　　屋頂的保溫層也是非常有影響的.　由於熱空氣總是上升的,　很容易由屋頂流失.　保溫功能强的屋頂可以大大有助於節能省錢.　從閣樓上可以看到保溫層, 最理想的保溫系數應達到R-40, 略爲牆保溫層功能的一倍.

　　如果是教堂頂 (Cathedral ceiling), 即沒有閣樓的房子, 可以通過屋頂的厚度 (如有天窗很易觀察) 及詢問屋主來了解保溫層材料及厚度.

3、房屋結構設計的種類:

　　早期美國建築的房屋一般是梁柱框架式 (post and beam), 很牢固.　但需要很大根的木料, 比較費料.

　　這種結構主要是靠柱 (縱向上下支撐) 和梁 (橫向平面支撐) 來承擔重力. 屋頂重量是通過木板傳向梁、再由梁直接傳向柱. 四周的牆并不承受重壓,　只是作爲圍籬包住構架而已.　因此, 這類結構較易改建, 例如拆換一堵牆之類, 不致影響承重支撐部位.

　　到了十九世紀中期及二十世紀初期,　由於木料來源漸少,　價格變貴.　建築

界設計出一種 "氣球" 形結構 (balloon frame)。 這種房子用料小根, 較省料。 但不夠結實。 由于當時房子并不需要承受如今家庭設備所加上的重量, 所以盡管當年認爲可行的結構, 如今則不能達到建築規定的標準。 換而言之是過時了。 但是現在仍有不少這類房屋存在, 特別是在1930年以前建的。

這種結構主要依靠較小根木枋高密度支撐, 互相結合分擔重量。 木板連接各部位也起了承力的作用。 換而言之, 整個房子并無中心吃力的支柱, 而是靠總體交錯連接分導重力, 象一個氣球一樣做 "空心" 的支撐。

顯然的, 要對這種房子做内部改建是相當冒險的。 因爲每一個原裝部分都承受重力, 一旦拆除某處便可影響整體。但是屋主們并不是都明白這一點, 仍然有大量此類房屋被濫動手腳。 後果是進一步削弱了房屋的承重力和平衡性, 造成變形、凹陷, 以及多處的吱啞聲。

如何識別氣球形結構? 因爲這種結構的中央部分沒有承重支柱, 是最薄弱之處, 也就是識別的關鍵之處。我們在看屋時, 可以走到室内中央部分, 上下跳躍幾下, 如果地板的反彈明顯, 有 "空心" 的感覺, 很可能這就是 "氣球" 結構。 它的特點是缺乏支撐牆、柱、木梁也太小根。 另外, 由于這類房屋經不起時間的考驗, 屋架容易變形, 很可能已經出現由于瓦脊凹陷、不平直, 門窗框架不平正而造成開關不順的現象。

現在流行的結構叫西部框架或平臺式建築 (Western Frame or Platform construction)。 建法是在基礎上搭一層臺, 以大量橫梁穩固第一層, 直立的木枋也只有一層高度, 全面以五合板等包住。待第一層完成後于架搭第二層。 等于是把兩個單層房子堆成雙層, 堆砌而成。再在上面架屋頂。用的木料雖不及梁柱形的大根, 并不省料。 由于這種結構方便施工又很堅實, 所以得到廣泛的采用。 在做内部改建時要識別清楚哪些牆是承重牆才可動工。這種結構的改建不算難。是屬于比較科學、理想的一種建法。

實際上, 如今的高樓都是以這種方法建造的, 只不過是用鋼架來代替木料罷了。

最後也要説明一點: 如果你發現你很喜歡的房子有用料不足的結構性缺陷, 也并不一定非要忍痛放弃。只要空間允許, 可以加固地板構架。　通常用幾根支撐鐵柱 (floor Jack) 便可防止樓板彈動。或是加一堵支撐牆更好。

要想最大限度加固整個房子的結構, 最好是加大木梁、柱, 或是增加工字型鋼梁。　這些工程材料有的花費不算太大, 也不難施工, 堅固度卻會大大提高。　是可行的做法。就怕空間不允許, 無法施工, 最好是叫建築界行家去看看。

**小結: 結構正確、總體堅固的房子應是從外表看上去就四平八穩無變形凹陷現象。基礎部分夠深夠厚, 無滲水、橫裂、下陷不勻的現象。構架方面也要厚實, 無腐化變質, 無變形, 保溫通風性正常。最好是未經結構性改動, 無增加附屬部分。

四、房屋的內部

根據房地產業者調查,當今買房者最關心的房屋內部方面是:
1)房間布局的合理性
2)廚房與浴室
3)廳、起居室
4)臥室面積與壁櫥貯藏體積
5)門窗
6)牆、地板與樓梯
7)照明、采光和電綫分布
8)機器設備,包括冷暖氣
9)工藝裝飾細節
10)保溫

下面就這些方面進行一番分析。

1、房間布局

進入室內我們首先會注意房間布局問題。根據個人喜好不同,對各種布局的感覺當然也會不同。但是原則上應是以實用合理為主,感觀次之。

有的布局實在不合你的意, 是很難改造的. 有些不便之處可以慢慢適應, 有些則是越住越後悔! 不可以掉以輕心. 比如二樓層臥室層沒有浴室、廁所, 半夜入廁要下樓就是很難適應的. 這一點絕不可以小看. 有的飯廳在房子正中央行走必經處, 每次走到另一間房都要穿過它, 必須在大飯桌、高背椅旁迂迴, 非常別扭!

很多華人特別不喜歡那種歐式開放廚房, 占掉廳堂很大面積, 而且炒菜時油烟氣味充滿廳堂. 這當然不是絕對的. 開放式廚房一來顯得摩登, 二來正式與非正式進餐都很方便, 有其長處. 這些在很大程度上是看個人生活方式與審美感而定的.

布局方面, 很關鍵的是實際使用面積. 有的房子雖然建築占地面積相當大, 可是由於設計上不夠合理, 空間分割太瑣碎, 實際適用的房間反而狹小, 次要的走廊、樓梯、拐角處占太多空間. 雖然有一定的迷人處, 實用性較差. 這種房子通常也較難改建.

一般要上下全面巡視一番, 才可以感覺到布局好不好. 除了房間格局與大小, 貯藏空間也要特別注意. 如果壁櫥不夠用, 就只好增加衣櫃之類的家具, 除了占地方外, 使用方便性終究不及壁櫥. 浴室內或是附近也應有一個裝毛巾的壁櫥(linen closet)才方便換洗. 其它的部位如樓梯位置、地庫可用性也很重要.

另外, 自然采光和空氣流通也是布局的重要方面.

有些特別吸引人注意的部分: 如衣帽間、 書房、兒童游戲空間、天窗、 露臺、落地式玻璃推門等等, 增加實用價值, 很受人歡迎.

簡單來說, 廚房最好在一樓廳堂層, 有進便餐空間, 又離正式飯廳不遠. 每層都應有一個浴室 (臥室層起碼要有一個廁所). 臥室最好在二樓, 有隱私性. 除了客廳外, 還需要一個家庭起居室 (或空間). 地庫最好是高出地面的, 有足夠的窗口通風采光. 這樣, 不論是出租或自用 (可用於兒童游戲、 健身房、工作間等等), 都比較好.

當然, 我們要認識到, 沒有一所房屋是十全十美, 令人絕對滿意的. 在做選擇的時候, 要準備有所取捨和妥協. 有些東西是原先心目中想要、但又不是絕對必需的, 便可以放弃以換取另一個預計之外的優點. 如: 沒有衣帽間, 卻有一個光亮舒適、外景優美的小書房, 正好可以用作電腦工作間．這也許是值得的交換．

有些東西則不可輕易放弃: 卧室數目、一定尺寸的客廳或起居室等等．　這些不易克服和妥協．

權衡取舍再三，如果總感到不舒暢、不情願，那就要再繼續看其它房子了．記住: 一定可以找到更好的! 也不要留戀低的房價．住得不對勁, 便宜也不值得! 相信自己的運氣, 物美、價公道的房子有的是．

2.　廚房

美國人的廚房之講究在世界上最享盛名．　著名意大利影星索菲婭·羅蘭曾說過她之所以久居美國就是因爲美國的廚房實在是太好了．　這當然是一句帶玩笑性的話, 但也說出了一般外國人的感覺．

地産業者調查發現,大多數買房者都將廚房作爲首選部位．他們如此重視廚房是很有道理的．設計、工藝、裝備好的廚房, 不但使用起來得心應手, 將本來枯躁乏味的瑣事變爲輕松愉快, 更爲當今工作繁忙的人們 (特別是女性) 節省了大量的精力與時間．有的家庭甚至把它當成活動中心, 因此功用好的廚房便成了現代化生活的必不可缺少的一環．人口多的家庭尤其會體會到這一點．

在摩登設計潮流下，廚房通常也是作爲房屋的心臟部位．力求開闊、明亮、寬敞、美觀, 是設計家特別下功夫之處．現代新居中，廚房常設在中央部位, 靠近餐廳、家庭起居室、 也有直接通往地庫、車房的門，方便購物進門及貯藏．理想的廚房也應接近露臺, 以方便夏日在戶外進餐．

也正因爲人們如此重視廚房， 買主在看屋時就不得不想到將來售屋時別人的考慮．如果要買的房子廚房不夠理想, 起碼也要具備一定的條件可以改善增進價值, 如部位合理、面積夠大等等．

可進餐型 (eat-in) 廚房内擺設簡單餐桌 (dinette), 是一大優點．大多數有這種餐桌的家庭大部分時間都喜歡在廚房里吃 (特別是早餐)．　每一餐都要在正式的餐廳里用餐畢竟是太麻煩了!

　　當然, 廚房最主要的功用還是在於: 準備工作如洗切菜之類、煮食, 以及清潔打理。　因此廚房必須具備充分數量的懸櫃、抽屜、貯藏櫃, 以便貯放刀具、餐具、容器、干貨、調味料、清潔用品等等。　懸櫃是充分利用空間的最佳方法, 少了是很不方便的。會使廚房內擺滿雜物, 顯得零亂不整。　臺面 (countertop) 也應盡量寬大, 以便擺配料和廚用電器。下面的貯藏櫃應有足夠地方擺放大件物品、清潔用品和垃圾桶。

　　洗碗池應距冰箱、爐頭不遠, 節省來回走動次數。　在這三大件之間應無障礙物, 也不是人行必經之處, 使用起來才最有效率。　洗碗機、烤箱的位置也有考究, 打開門時應不阻礙主要行走通道。
　　總之, 設備布局要合理, 使用才愉快而富有效率。

　　臺面是使用最多的部分, 不可不講究。常用材料有: 塑膠貼面型、硬木臺、瓷磚面、不銹鋼以及較新式的人工碎石合成板 (corian), 或稱人造石。　這些材料各有所長。

　　塑膠貼面最常見。它是由一層1/6"厚的硬質耐熱材料, 以熱高壓工藝貼在木渣板上而成。不怕燙、易清潔、不會朽化, 而且手感不冷, 價格也便宜。　但它有時可以受污色染上, 看上去也較嫌平淡, 而且接縫處可見一條黑綫。

　　硬木臺面是由小塊優質硬木拼貼而成。觸感佳, 看上去既漂亮又樸實, 格調親切。但刀切印會弄花表面, 也需要一定的清潔功夫。價格適中。

　　瓷磚面富於裝飾趣味。由於瓷磚品種繁多, 圖案、花樣、色彩、質感可隨個人口味配合房子格調選擇。專業雜志常以瓷磚臺面來映襯整個廚房的優美設計。瓷磚堅硬耐久、耐高溫、不變色。安裝得當的也不難清潔。但手感冷, 碰撞有聲, 容易使跌落的杯盤打破。　瓷磚本身并不太貴, 但人工花費是相當可觀的。

　　人造石 (Corian) 是一種較新型的合成石, 具有多種優點: 色彩種類多, 硬度高, 觸感非常光滑, 不難加工。由於它是全色型材料, 接口處也不露其它顏色, 整體感强. 不過價格相當昂貴.

　　不銹鋼臺面堅硬耐久、易清潔、不怕燙及染色. 但手感冷, 易産生碰撞聲, 價格也較貴. 而且不免顯得過于"商業化", 缺乏家居情調. 近年來漸漸也開始流行于家庭裝潢設計.

　　洗碗池通常有不銹鋼或瓷面鑄鐵兩類. 兩種都堅固耐用、易清潔. 在新建築中基本上是采用不銹鋼. 但不少人更喜歡瓷面鑄鐵的, 顯得有格調些.

　　照明是另一要點. 特別是臺面的光綫很關鍵. 理想的照明應有窗口自然采光 (也利于通風). 同時亦應有直射燈源, 以避免在自己影子里做事.

　　電器方面: 冰箱、洗碗機、烤箱最好是新式、名牌廠家産品, 效率較高. 最好保修期仍未過. 如有使用疑問, 應盡量詳細詢問賣方, 有使用説明書更好.

　　華人特別需要强功率的抽油烟機. 美國常用的不太夠力, 難以應付中國煎炒油爆的特殊需要. 必須改成華人特制的, 要看看有没有現成的抽風管, 或是安裝走向的方便性.

　　除此之外, 自然空氣對流也很有幫助消除异味.

　　水龍頭的品質也不可小看. 它的價格從十元以下到二百元以上都有. 便宜貨毛病多、令人困惱. 名廠優質品一用就知.

　　其它應留意的還有: 所有表面部分, 如牆、臺面、地板、臺面等等, 都應容易清潔. 如有些部位因位置或材料問題, 不易清潔, 久了會顯臟、舊.

　　關于水管方面, 要注意水的開關是否正常. 看水的壓力是否夠大, 下水道通水是否流暢. 這些下面還有專節介紹.

3、浴室

　　同樣由于實用與生活品質方面的考慮, 人們在買房子時將浴室擺在僅次于廚房的地位. 因此, 我們在看屋時就要考慮到將賣房子時浴室的份量. 更重要的是, 浴室不單單是日常生活中洗漱之必需, 而且也是一種享受.

選房時對浴室最主要的考慮應是:浴室的數量、大小、位置和設施狀況.

每層應有一個浴室, 最起碼的也要有一個單廁. 浴室中起碼有一個爲全浴 (即包括浴池、面池和便缸). 其余的如主人房常附帶的 3/4 浴 (一個淋浴池, 面池和便缸). 有的在一樓只有一個 1/2 浴 (即面池加便缸) 也可以應付. 土庫如是完成型(可用于起居活動或住人) 的, 也應有一個浴室. 浴室的數量在現代家居生活中占很重要的地位. 多一個便增加不少價值. 少一個則會大大削弱再售價值.

浴室的大小不但決定是否夠寬敞舒適, 更具有是否能進一步裝修改善的潛質. 面積夠大才可升級, 例如增加浴缸、蒸汽間、渦旋噴射式浴池 (whirlpool) 等等. 現在人們越來越流行增加這類高級享受設施.

浴室的位置應以交通方便又帶隱私性爲原則. 這一點很易查看.

浴室的設施是越新式越好. 產品是名牌爲佳. 有些高品質的花灑噴頭不但精致耐用, 并有多種功能. 其恒溫控水量功能, 可以在瞬時間自動調節冷熱水量, 保持合適水溫. 如在冲澡時, 其他人冲便缸用大量冷水, 洗澡人也不致被高溫水燙到. 這對于小孩具有保護作用.

便缸的好壞也影響使用方便. 價格差很遠: 好的抽水馬桶放水時無聲, 排水均勻有力, 冲得干淨. 并可以在很短時間内反復冲水. 品質差的容易出毛病, 冲水效果也不行.

一般來説, 舍得用好材料、好設施的屋主對生活品質的要求高, 對房屋保養保值也認真. 遇到這樣的屋主, 買方可以放一層心. 愛用便宜貨、 “湊合着過日子”的人對自己的房子缺乏興趣與信心, 保養功夫也可能隨隨便便不到家. 這樣的房子毛病也會多些.

看屋主是否珍惜房子, 從廚浴二處便可知大半.

下面,我們來看看具體的設施:

1) 面池 (洗手池):

材料常見的有: 釉瓷類 搪瓷池 (vitreous china)、 全瓷、 瓷面鑄鐵、仿大理石 (cultural marble) 面、和人造石面。

搪瓷抗酸耐腐, 不易受損, 易保持干淨。 有受銹及油污物染上痕印的缺點, 但可以用清潔劑去除。

瓷和瓷面鑄鐵價格合理, 抗酸耐腐, 但不及搪瓷耐用, 易受損。

仿大理石面常被制成與臺面一體。 華麗、 造型多、 極具裝飾性。 但相當多的設計較爲俗氣。 而且表面較薄, 如果受深度劃傷, 會露出下面的白色填充料, 難以掩飾。

人造石 (corian) 因爲整塊通體顏色貫透, 顯得較自然。 如受劃傷也不露出其它顏色, 也易修復。

面池應具有防溢透口, 當放水太急時, 上漲的水會從透口中排到管道里而不致溢出池外。 池的臺面邊沿也應稍高, 使濺水回流至池內。 一些便宜產品沒有這些替用户着想的設計, 用起來當然不夠方便。

面池帶雙門櫃的有利於貯放清潔用品, 亦將管道部分隱藏於視綫之外。 有些流行的摩登型不帶櫥櫃, 用綫條流利的瓷腳支撐, 也擋住管道部分, 使浴室空間更顯開闊明快。 當然貯藏面積就要另找空間了。 比較簡易型的是商用型的, 將瓷盆懸挂在牆上, 下面任由管道暴露出來, 不太雅觀。

在查看面池時, 不妨打開冷熱水, 看看水壓是否夠力, 溫度調節是否靈敏易控。注意: 好的水龍頭只需擰動一點點, 水便全力冲出。 便宜貨則需扭很大角度才使水流達到好用的程度。 便宜貨的外型常見十字頭或呆板的圓扭。 材料方面, 好的產品應是銅質, 表面上鍍鑷、 鉻、 或是拋光、 磨花。 便宜貨常爲鋁、 鋅制品, 時間不長即灰暗變色, 易磨損。 産生吱嘎聲、 滴水、 扭動時周圍冒水。 這種低檔品不但每天都在提醒你它的劣質, 還會不時給你帶來麻煩和頭痛, 直到你下決心拆換它爲止。

2) 便缸 (toilet):

便缸形狀式樣造型多端, 也有各種顏色投人所好. 名廠優質産品不但造型講究, 瓷質也細膩潤滑. 雖然價格貴些, 比較可靠耐用.

放一下水, 看水流是否有力、均勻, 同時聽是否安靜. 最好同時也打開面池水龍頭, 看看在最大限度用水時, 水箱回水速度是否夠快. 充放水速度、聲音迅捷有力, 表示不單水箱内部功能好, 而且整個下水道系統工作順利.

看看便缸底部與地面接口處封膠是否完好. 如有潮濕、污漬或裂痕暗示有較麻煩的問題.

也要嗅一下有無下水道回冒的漚臭氣. 如有的話説明通氣管裝得不妥, 下水道流水不夠暢快. 臭氣不但令人不快, 而且有不利健康之虞.

浴室的通風設計應充分. 如有窗口自然通風, 較容易去除异味和潮氣.

3) 浴缸和花灑:

浴缸起碼要三尺寬五尺長才夠舒展身體. 如是單淋浴池, 最好要三尺乘四尺(有些現成品只有32" × 32", 是最起碼的尺寸), 要有玻璃門或有效的布簾以防水濺出池外.

如果在淋浴花灑處有齊人高的窗口, 會使嗖嗖冷風侵入, 寒冷季節洗澡時很令人不舒服, 是設計的錯誤. 另外, 也要注意浴室内是否有暖氣, 或是某種電熱裝置. 如果什麼都沒有的話, 會使人在洗完出浴時感到寒氣逼人.

查看花灑是否生銹受蝕, 浴缸外圍是否有污漬水印, 了解判斷是否有漏水的問題.

浴缸的材料有幾種:
1) 玻璃纖維 (fiberglass), 如今最常用, 特別是新建房子. 優點是容易清潔, 抗污性強, 與牆面連接處無縫口, 觸感不冷. 缺點是由於它較軟, 當人進入時會顫動. 底部必須加強支撐以防其逐漸凹陷. 還有就是水射在上面產生很大噪音, 所以必須加隔音材料以吸收部分噪音.

2) 瓷面鑄鐵以前最流行 (現在又有重新流行的趨勢). 優點是非常堅固, 水射在上面也無惱人的噪聲. 缺點是會脫瓷弄傷, 容易受污. 由於它很沉重, 要注意看附近地面是否有沉陷迹象. 踩上去是否彈動? 支撐不足是非常麻煩的問題.

3) 瓷磚型很富於裝飾性, 常在高檔建築中使用以顯其獨特風格. 但造價較高, 營建工藝必須一流以防脫落或滲水. 而且在清潔方面也需要不時進行一番仔細擦拭.

其它設施:
—— 浴室內部如有裝毛巾的壁櫥最方便. 但是通風功能必須強.
—— 浴缸上部有燈照明很好用, 應是防水型的.
—— 浴缸邊沿裝有扶手方便起身, 對老年、殘障人士特有利. 如今是規定要裝的.
—— 有足夠毛巾架使用會很方便. 它們應設在水冲不到的地方. 香皂也應放在水冲不到的地方爲佳. 廁紙架則絕對不能讓水濺到.
—— 鏡子、藥櫃 (放常用藥品以及化妝品之類) 也是必不可缺的, 它們的位置也不宜太近澡池以避免蒸汽太多起霧受潮.
—— 電源插座應有接地綫以防觸電. 現在規定必須是自動跳閘裝置 (GFCI)型.

設計合理、用材講究、營建精良的浴室直接影響日常生活品質以及再售價值. 這一點越來越受人們重視. 我們看房子時應該牢記這一點.

4、客廳 (Living room):

傳統上客廳是用於招待客人的. 也是一種 "展覽廳" (showroom), 將住家比較喜愛的家具、 藝術品、 裝飾品陳設出來以賞心悅目, 還帶有炫耀意味.

客廳必須有足夠的空間, 在擺了沙發、茶具櫃、加啡臺、音視設備等等之後, 仍有行走方便的可能. 也要有至少一面主要的窗口, 最好是三扇以上的海灣窗

(bay window、bow window) 之類，不但提供了大量自然光，更可以使主客觀賞到室外的風景。

另外，客廳最好有一定程度的隱私性。當主客會談 (特別是生意方面討論) 時，家中其他人活動 (如煮食、小孩玩耍、看電視、打電話等)，不致太過于影響客廳。通常客廳與廚房、家庭起居室之間應有飯廳或是內牆隔開，使客廳顯得較正式。傳統上格調莊重的客廳常設在不是行走必經處，有門，特別受常在家中處理商務人士的喜愛。

現代流行開放型客廳，即不用牆與其它房間隔開，只用家具 (沙發等) 圈成一處。特點是顯得寬敞，整體感強，比較富于親切感，有人性味。由于地方寬松了，家具的組合擺放也靈活多了。如果裝潢有方，容易產生摩登舒適情調。其弱點是主客容易受到家中其他人活動的影響。

依各人生活方式、喜好的不同，選擇不同風格與用途的客廳。這方面沒有什麼刻板的規定。

其實如今不少美國建築界人士傾向于干脆取消客廳。原因是，在這種缺乏人際交往的社會，傳統式的客廳基本上只是用于陳設展覽罷了，大多數時間只是空置，是家庭最少用到的地方。常用的話又怕弄亂弄臟，要花時間不斷整理。不用又可惜空間。但就目前來看，大多數家庭仍保留這樣一個 "展覽廳"。新建房屋也多多少少劃出一個空間作爲客廳。主要原因并非出于實用，而是考慮到出售和再售價值。在一般人心目中，有客廳的房子就不算完整。可能是人們觀念的轉變尚未完成。

查看客廳時，除了看大小、照明、通風等容易注意之處，也不要忘了看看有無足夠的電源插座。從前人們使用電器不象如今那麼多，建房時安裝的插座也少。如果要增加插座，則要考慮到挖開牆面重新鋪綫的工夫與花費。下面有關電綫的一節還要談到這一點。

5、家庭起居室 (Family room):

　　近年來人們越來越重視家庭起居室, 主要是由於人們實用觀念的加強所致。相對客廳來説, 家庭起居室比較非正式, 不太講究"展覽"性。最適宜家庭平常聚集、兒童玩耍、看電視等等活動。 因此家具也可隨便些, 東西不必擺得十分整齊, 清理起來也容易些。 氣氛是輕松的, 令人感到舒服自在。

　　正由於其舒適性, 大多數家庭起居室便成爲一家人最喜愛使用的地方, 空間利用率最高。 這就是人們重視它的原因。 在這種趨勢下, 我們選房子時也應該充分考慮到有個好的起居室對房屋價值 (也對實用性) 的重要影響。

　　家庭起居室的位置最好設在靠近廚房、 露臺、地庫入口、樓梯附近, 方便上下出入。 面積應足夠擺設必要簡單家具、電器後, 仍有一定的空間供兒童玩耍。
　　如果能夠觀賞到户外景色最好。 有天窗采光、有壁爐、則能大大增進價值, 情調上引人動心。有能力者在裝修時不妨做這類的投資, 效益比較理想。

　　現在住房的趨勢是實用、舒適、隨和。 家庭起居室便成了重要一環, 值得我們特別注意。

6. 卧室 (Bedroom) 與壁櫥 (Closet):

　　除非是在退休老 人居住區, 否則普通住房至少要有三個卧室。 一方面是住起來可以使家人都有足夠的空間與隱私, 另一方面也是爲了在將來再售時有起碼的價值。 兩卧室的房子能吸引的買主是相當有限的。

　　主人房 (master bedroom) 帶浴室 (通常是 3/4 浴) 最方便。 一般主人房的面積也最大, 其它卧室則相對小些。
　　卧室面積大的可容納多些或正式成套家具。 面積較小的則不需成套家具。這些方面有一定的靈活性。 到底卧室主要是用於睡覺而已, 除此之外人們并不花太多時間在里面。 如果能擺最基本的家具, 如床、床頭櫃、梳妝臺、扶手椅也就能使一般人接受了。

重要的是每個卧室必須要有足夠大的壁櫥。貯藏空間非常實用, 不夠的話是令人長期不方便、傷腦筋的。正因爲如此, 在現代房屋設計中,壁櫥占有比從前大得多的比重。很多情況下,卧室不大壁櫥卻相當寬。相對而言, 很多老房子的壁櫥是不成比例的窄淺。大概從前人穿着不象如今人這麼豐富吧。除非卧室相當寬大, 否則加建壁櫥不容易找到合適的空間。

壁櫥有幾種結構方式。走入式 (Walk-in closet) 的就象一個小房間, 可以分門別類的擺很多衣物、雜物, 便於尋找 (但由於中央部分必須留出供進出, 也就浪費了一些空間地方)。這種壁櫥不但使用方便, 再售時也很有吸引力, 具潛值。

順牆橫開式的壁櫥比較節省空間, 可以有計劃的排放衣物。最好是雙邊開的折叠式門 (bifold doors), 打開時不占位置, 而且使内部一目了然。 拉開式門 (swing -open doors) 如全打開時, 由於有好幾扇, 占一定空間。 但可以完全打開, 容易放取衣物。平推式門 (pocket door) 則不可以在同一時間内完全打開, 總有相當一半的面積被門擋住, 比較不方便。好處是完全不占外部空間, 在窄小的室内是不得已的選擇。拆換壁櫥門并不難, 但最好是所謂標準尺寸, 可買現成的門。

老式的壁櫥有一種是靠牆角建的, 窄小而深, 最不好用。容積小, 又有難以摸到的死角, 不容易找東西。
所有的壁櫥都應有燈照明, 開關最好裝在外面。

卧室的布局也有講究。它們應該集中在房屋的一端, 但最好不是一條直綫排列。主人卧室應處在一角, 又應可以方便地觀察孩子們的起居活動。 卧室之間最好有浴室、走道、壁櫥等做爲隔音屏障。但要小心那種僅以木質壁櫥爲牆的結構, 隔音效果很差。

每個卧室至少要有一扇窗,不但通風采光, 也是火災逃生的出口。 通常窗是設在一面 (最多兩面) 牆上, 留出至少兩面無窗牆以便擺設床和家具。
如卧室帶有陽臺, 使空間外延, 既實用又有情調。很受歡迎。

7、內牆、地板與樓梯:

　　內牆材料通常有好幾類:

—— 石膏牆 (plaster wall) 一般見于較老的房子. 優點是堅硬耐久, 隔音性強, 防火性好. 缺點是牆面常不平, 時間長了會開裂, 又難修補. 而且很難釘入, 一不小心就會打出一個大洞, 難以挂畫之類的東西.

—— 木板牆 (wood paneling) 舒適、觸感好, 情調柔和、有傳統鄉村風味. 保溫方面也有一定幫助. 又容易釘入及改裝. 缺點是比較使室內光較黯淡, 顯得沉舊些. 如有破損, 修理也不易.

—— 灰板牆 (wallboard or sheetrock) 屬新一代大眾化產品. 容易安裝、修理和改建. 不會開裂, 可釘入, 價格也便宜. 缺點是顯得平淡. 釘眼、接縫處要用專門膠紙和灰漿補過才可以上油漆, 這不是很容易做好的. 施工不善的會顯出接口痕迹. 這是目前最廣泛采用的材料.

　　油漆和牆紙是最常用的裝飾牆面的方式.
　　現在通常是用水底漆 (water-based latex paint) 來油內牆. 施工易、價格低、又快干. 大概每五年要漆一次.
　　如果是老房子, 是用油底漆 (oil-based paint) 的, 要小心是否帶鉛. 要絕對搞清楚. 下面有關部分還要重點談這一問題.

　　牆紙富于藝術感, 顯示生活情趣, 有家居味道. 由于每人口味不同, 效果也不一. 如果配合家具、窗簾、床單顯得不協調的話, 會令人感到別扭.
　　糊牆紙需一定的工藝水準, 也較費時. 如果要拆除, 更加麻煩. 除了需特制溶膠劑外, 常常也需要租用大型的蒸汽噴機來潤濕後才可以剝下. 也有一種塑膠類的牆紙 較厚, 只需撥開背紙露出膠底便可以貼上牆. 拆除也容易. 但看上去比較帶有商業味道, 家居情趣薄些.
　　牆紙比油漆貴很多, 用的時間也長很多. 如果要買一所貼了舊牆紙的房子, 心中要有準備應付拆換所需的開銷和工時.

　　檢查牆時要注意: 有無接縫處脫落、開裂、老化和水痕, 如發現毛病, 估計

一下修理面積和難度. 可以用口頭形容一番, 叫裝修商大致就所需材料與人工估一
個價.

地板材料大致上有地毯、 木板、 塑膠貼面 (vinyl tile), 瓷磚 (ceramic tile)、 石
及磚. 在廳、 住房等處, 前兩種材料最爲普遍. 後幾種主要用於廚房、 浴室、 走道
等處.

地毯分兩大類: 覆蓋整個房間的叫wall to wall; 只鋪在房間中央或一角的爲
東方式 (Oriental rug). 前者當然是跟隨房屋一齊出售的, 後者則不一定 (好的東方式
很貴, 幾千元一塊的不足奇).

從前人對地毯幾乎是獨具鐘情, 現在仍占相當大的比重. 優點是舒適、 觸感
好、 看上去柔和、 又吸音, 也不難拆換.

地毯的缺點是難清洗. 一旦有污迹便顯得難看. 叫專業人員清洗比自己做效
果好得多, 但價格較貴. 如家有寵物, 惹上的氣味很難除掉 (問題也在於自己家人習
慣了聞不出, 而外來人聞一下就感到不快). 太干燥時會帶靜電. 在行走頻繁處也容
易磨損.

查看地毯時, 要注意其密度. 越高密度的最舒服, 也較 耐用. 特別是樓梯鋪
的地毯, 應用高密度優質地毯. 用稀松的便宜貨容易拌腳導致跌跤.

地毯下面的墊層 (padding) 要夠厚才能發揮發毯的舒服性, 不夠好的墊層會
大大減弱地毯的功能. 起碼要有1/4" 到 1/2"厚. 地毯的顏色以中性色比較耐久. 太
亮太鮮的顏色易臟顯舊.

地毯的施工相當講究, 接縫應盡可能少, 不在顯眼處, 更不能在行走頻繁處.
地毯的邊沿一定要有金屬邊包住起保護作用. 當門開關時不應接觸地毯以免磨花毯
面. 如果見到有小塊地毯鋪蓋在大地毯上, 則要注意是否用於掩蓋破損處.

木板地在近年來越來越流行. 優點是清掃容易, 不帶异味, 看上去整體感强,
富於摩登情調. 觸感雖硬些, 木頭的感覺也很好.

木質地的品種很多．方塊硬木條拼板 (parquet) 的如果木質好 (如柚木teak)、鋪設得當，別有風味．但總的來説接縫太多、整體感差些，也不象木板條的那麼容易保養．

木板條的分硬、軟木兩大類．硬木中最好的是橡木及楓木 (oak 、 maple)，最漂亮也最貴．其它好的還有山毛欅 (beech)、山核桃 (pecan)、 和樺木(birch)． 軟木主要是采用松木 (pine)，觸感很柔和親切，但較硬木易磨損．

木板的施工較難，主要看接縫是否緊密，是否平整．表面要有油漆保護．如有磨損脱漆，需要重新砂過再上新漆，并不太難．但是如果原先施工不當，經幾翻工，撬起重裝，内部膠水可能會翻起到木表面．較難清除．

樓梯和走廊通常易受買主忽略．其實它們也對生活有一定影響．不可不加以留意．
傳統式的房屋走廊占相當面積．它提供了分隔空間、加强隱私的作用． 同時方便于挂畫、照片、陳列藝術品，增加了展示功能．如果是特别寬大氣派的房子，走廊多些、寬大些是有益的．若是如果地方本來就有限，那就是一種奢侈了．走廊設計不當，會太過份分割空間．這種缺點尤其常見于牧場式 (ranch) 房子．

現代式房子大多避免這種分割法．在主樓層常常是完全取消走廊以爭取到開放式的空間，使用面積達到最大限度．當然真正豪華、大型的房屋又屬例外．買主應根據自己的喜好所取．

樓梯位置如果設計不當也相當浪費使用空間．這在較小型的房子内尤其重要． 在看屋時，買主應可以直接感受到這種缺陷．

樓梯的寬度應夠兩人可以同時上下通過，也能夠容易地抬家具上下． 三尺是最起碼的，四十二寸爲理想寬度．每一梯深度要有十二到十四寸． 看不透底 (封實) 的樓梯比較不易踩空．照明要充分． 扶手應兩邊都有，對兒童、老人有防跌保護作用．

8、鍋爐與冷暖氣系統:

•鍋爐:

　　　熱水鍋爐 (hot water heater / holding tank) 是一所房子必不可少的裝置。 它是一種比較簡單可靠的機器, 持續使用10年一般沒問題。 最重要的是要看熱水爐的容量是否夠大, 以保證一家人正常生活有充分的熱水同時供應洗滌、 洗碗等等。 一般來說, 用天然煤氣 (natural gas) 或燃油 (oil) 的鍋爐熱水較快, 因而有30加侖以上的可算夠用。 如果人口超過四個的話, 最好有50加侖以上。 如果是電熱式的最好就要有60加侖以上才夠快。 總之是越大越好用。

　　　拆換安裝熱水鍋爐在技術上并不難, 自己會動手的花二三百元就可以。
　　　查看鍋爐時,應注意管道到烟囪接口處有無破裂或老化現象, 這是有關安全的問題。 同時看看鍋爐底部近地面處有無生銹朽化現象。
　　　安裝鍋爐最理想的地點應屬地庫 (如無地庫則在一樓), 最接近廚房、 浴室、洗衣房處。 管道鋪設最短, 熱量損失也最小。

•冷暖氣系統 (Heating /Air conditioning systems):

　　　冷暖氣是決定居住舒適、 不受外部氣候影響的關鍵部位。 冷暖氣系統也是花費 相當巨大的項目, 直接影響到房屋價值。

暖氣有幾類不同的系統型式:

—— 熱蒸汽致暖: 由熱水爐燒蒸汽輸送到每個房間, 通過散熱器送出暖氣。 這種方式效率高,但不能分層控制, 有噪音, 而且暖氣熱量分布不均勻。 是一種較舊式的系統。

—— 熱水致暖: 由熱水爐經水泵, 通過水管通到各個房間透過散熱片送暖。 優點是均勻散熱、 無噪音、 可分層控制、 效率高, 而且不易使空氣干燥。 缺點是致熱起動時間較長, 安裝價格較貴。 而且萬一管道受損, 水會溢出來弄濕房間。 這種系統現在最流行。

—— 熱風致暖: 暖氣通過鼓風格由管道吹送到各個房間. 這種系統致暖快, 可加增濕或去濕系統控制改善空氣. 安裝也較易. 不用擔心漏水、缺點是不夠均勻、有風吹感覺、空氣易干燥, 同時噪音也較明顯。

　　　　冷氣主要分爲中央致冷系統 (central air) 及窗式機致冷 (window unit) 兩種。

　　　　中央空 調機是裝在室外的, 冷氣經管道進入室內. 冷氣分布均勻、無噪聲, 非常舒適. 缺點是電費高。

　　　　窗機可裝于有必要使用的房間, 人不在某個房間時可隨手關機, 比較省電. 缺點是不均勻致冷、噪聲大、有風吹感. 畢竟是不如中央空調來得舒服。

　　　　新近出產一種叫分體式空調, 主機裝在室外, 冷氣通過一根細管傳入室內, 并可遙控調節. 功能較多, 使用很方便. 但是沒有空氣室內外交換功能, 據説可能對健康有一定影響. 這種設備在日本、亞洲各處已經非常流行, 美國反而少見. 這種空調價格也較貴。

　　　　中央空調會增加房屋價值, 但電費開銷大是一大考慮因素. 特別是在教堂頂式房屋, 用電會更多. 這種房屋空間顯得開放寬闊. 如果裝有天窗 (skylight), 可以在天熱時打開一些, 讓上升的熱量能夠跑出, 有幫助降溫。

•能源 (Feul /Energy source):

　　　　最常見的是天然氣 (natural gas) 及燃油 (oil), 偏僻地區用電的也還是不少。

　　　　天然氣清潔, 不需儲藏罐, 由管道送入. 這種能源越來越受人青睞, 大多數新建屋都采用它. 從安全角度着想, 要確保不漏氣. 最好有監督氣味的儀表或警報器。

燃油是較傳統的能源, 需要供應商用車運送來輸入儲藏罐存放. 它是效率很高的能源, 油商一直鼓吹其價格低於天然氣. 但需要體積相當笨拙的儲藏罐, 又要隨時通知油商送油. 比較不方便. 也需要經常清理過濾油網才保證效率.

燃油的鍋爐必須要新式的才好用、節省.

電是最方便使用的一種能源, 但是最貴.

9、保溫\隔熱性 (Insulation):

一所房子能否有效的保溫, 即冬天保持暖氣不流失, 寒風不進入室内; 夏天擋住外面的熱氣, 保持室内冷氣, 不單單決定了居住的舒適, 更決定了冷暖氣能源開支的大小.

保溫嚴密、效率高的房子比不嚴密的節省能源開支可達40%! 可見這是最重要的問題之一. 如今各種能源: 電、天然氣、燃油等都相當的貴, 是擁有房屋者一大開銷. 問問有房子的親友就知道了.

值得指出的是: 幾十年以前, 能源開銷對美國人來說是相當的便宜, 所以相當部份的房子在建造時是不在保溫性方面下太多本錢的. 如果現在買到一所保溫差的房子, 那就要爲當初的省工省料付出昂貴的代價了!

看房子時, 一定要問清楚: (1) 房子是否有保溫層? (2) 分布在什麼部位? (3)用什麼材料隔熱 (material)? (4) R值數 (R-value) 多少 (如果是最近建造或改建的話)?
理想的答案應是: (1)是的. (2) 在閣樓、天花板, 所有外牆内部, 和樓板下面 (如果地庫是不放暖氣的話). (3) 玻璃纖維 (fiberglass)、保溫泡沫板 (formbrard) 或灌入式的泡沫層. (4) 新屋的牆R值應到 R-19 以上、樓板 R-27 以上、天花板 (閣樓) R-40. R值數是建築業中用於顯示材料隔熱性能之指標.

很明顯的, 保溫層越厚性能越好. 牆壁的厚度也越需大, 木料當然也用的粗大些. 如有某些可以見到壁内材料的地方, 不妨用電筒照一下. 看看能否見到木料大小 (2 × 6的可裝R-19) , 也可能見得到保溫層錫紙上印有的 R 值數.

原則上, 室內任何居住使用面積都要設保溫層, 確保暖氣被關室內不白白流失。車房和鍋爐房當然例外。但是在它們與主房間就必須要有保溫層隔開了。

門、窗、通氣管、烟囪等在接口處一定要施加涂縫膠 (caulking)。如果基牆有小裂紋也要用膠封堵。中國北方俗話説: "針眼大的洞透進碗口大的風。" 千真萬碓。因此看屋時也要查看涂縫膠是否仍有效、未老化。

五、其它幾個應該注意的部位:

看房子時幾個稍次要、但影響仍然大的部分, 包括電源與插座、車房、外廊、露臺、供水排水、化污池, 等等, 也要留意查看。

•電源與插座 (eletricity supply and recepticals):

由於從前的人們用電量以及用電器遠少於如今, 不少老房子的電源負荷量以及插座數量已經不適合現在人們的需要了。

如今房屋供電量一般在150amp安以上。三條電源綫入屋, 可配至 220-240 伏電壓。稍老的房子很可能只有兩條綫入屋, 只能配110-120伏電壓, 電流量也可能只有 60amp 左右。如果施工難度不大, 加大供電量所需開支一般在2000元以下。

看房時要留意觀察每個房間是否有足夠的插座。根據一般家庭典型需要, 廳內每12尺內至少要有一付雙插座。最好有部分插座可由手動開關控制才方便。浴室內插座最好是安全型的 (GECI), 萬一有水濺入, 插座上的開關會迅速自動斷電。

廚房臺面靠近洗碗池的插座也應屬安全型的。臺面附近的插座越多越好, 總會嫌不夠用。按照規定, 每個電器都應使用單獨一個插座, 用加長綫 (extension cord) 插口只能是臨時措施, 不夠安全。

冷氣機應有專綫接地插座. 這些規定在很多州已成爲建築安裝標準 (building codes) 的一部分.

如果插座數量明顯不足, 你必須考慮要改裝增設電綫 (rewiring). 通常需要挖開牆面, 在木枋上鑽洞, 拉綫到總掣盒, 并不容易. 電工的人工也很貴. 如需整幢房屋重新設綫, 要兩三千元或更多.

驗屋師應可以告訴你關于電源、電壓、電綫的狀況, 并建議你是否需要重新設綫及加大電源量.

如果該屋是由自己動手者裝設電綫的, 驗屋師也應看得出是否符合標準規定、是否安全等等.

另外, 室外也應有兩個插座. 外部有防水金屬蓋罩住, 有接地綫裝置以防潮濕帶電.

如今電源總掣盒是鐵制的, 保險裝置是自動跳閘式 (circuit breaker), 應至少有十二至十五個閘. 當電流過大時保險閘會自動跳開斷電. 老式的保險絲裝置當然也可以用, 當然遠不及新式的可靠方便.

在總掣盒附近要有足夠的照明以便查看電閘. 打開鐵盒後要仔細查看接綫頭有無燃溶痕迹或腐蝕印. 燒溶痕迹可能表明某根電綫不夠粗, 不能有效地載大負荷電流. 你需要叫驗屋師仔細查看, 確定電綫部分是否安裝合理、確保安全無虞.

也不要忘記看地庫、車房是否有足夠插座.

•車房 (garage):

車房的作用很多. 很多人嫌麻煩, 喜歡將車泊在車道上, 或是街邊. 但當氣候惡劣、特別是有暴風雪時, 你會深感有車房的重要性. 特別是如果你開的是名貴車, 車房更將必不可少. 又如果你開的是難起動的老舊車, 冬天停在車房里早上也有助于發動.

另外, 車房的貯物功能也是使生活方便的一大因素. 對于喜歡干手工活的人，車房更是可當作一個工作間，再好不過．

　　市區老房子的車房一般比較窄小．有的連幢式房子的車房設在後院，很多家庭共用一個進出口．有的雖是獨立房，卻要與鄰居共用一條車道，不能泊車在車道上．如果鄰居不夠通情達理，常阻車道的話，是會引起不快甚至糾紛的．不要低估其麻煩性．

　　現在新建房很重視車房，如果地盤面積夠的常建雙車房．哪怕犧牲一部分居住空間人們不在乎．幾乎所有的新房建築都起碼有一車房．

　　最方便的車房是與房屋連在一起的．建在北面有阻風作用，最為理想．車房應有門連接到廚房，方便購物貯物．

　　車房內應有貯物架，方便將雜物、工具有條理擺設．地上擺的東西越少越好，以便清洗．

　　車房門口應有一坡度斜向外面，保證水不流入車房．如果車房位置低於街面，車道是向車房傾斜的，防水排水就尤其重要．一定要有地面排水口，有效地將流水排到下水道．同時地面上最好有一級稍凸出的水泥屏障，以防萬一車泊不穩滑下撞入車房．這類車房走道較斜，結冰時行走要特別小心．

　　車房的門也有幾種類型．最好是向上卷入式的，由遙控器指揮開關．遙控門應有安全性能，即在關下時如碰到物體 (車身、小孩等) 會自動迅速反彈回升．牆上開關應裝在一定高度以上以防兒童玩耍．門的下部應有擋風膠片，防止風及塵土進入．門的材料有木質、鐵、鋁、玻璃纖維及塑膠等．有的中間夾有保溫層．塑膠的最不需保養，鐵的最堅固，而以木質的最耐看．

　　如果車房門是拉開型的，很不方便，也易變形．要考慮換卷入型的可能．

　　如果門上還有供人出入的小門，就不必每次出入都卷起整個門來．小巧設計，會增加很多方便．

　　車房內應有通風設施．有窗最好，不但通風而且透光．通風是安全方面的考慮，因為汽車產生大量一氧化碳，是致命的無形殺手，必須有效地排走．也由於這種廢氣比重大，容易積在空氣低下部分，流向室內．所以通風必須得力，以確保居住安全。

　　車房內不但必須裝有插座, 最好也裝有水龍頭, 方便清洗. 如果車房無暖氣的話, 水龍頭應裝在連接住房的牆上, 利用室溫防止冬天水管凍住.

•外廊 (Porch) 與露臺 (Deck):

　　沒有什麼比外廊與露臺更適合于延伸住房空間、享受室外休閑活動的了. 它們一貫深受買主青睞.

　　外廊分前廊與後廊兩類. 前者較多見. 傳統式的殖民式房屋 (colonial) 最常有寬大屋檐復蓋的前廊. 三面通風, 可以放幾張靠椅. 人們常設蕩秋千式的搖椅, 鄉村風味很濃. 它給住家提供了一個遮陽避雨, 而又通風涼爽的場所, 讓大人歇息、聊天、閱讀、 小孩玩耍、鄰舍交談. 由于三面開放, 視野也特別開闊些.

　　在反傳統的六、七十年代, 外廊被認爲過時, 不少人將其加牆圍住, 改成一個房間. 八十年代以來人們逐漸重新認識它的好處, 又開始時興外廊. 新建築中也有這個傾向, 增設外廊以取悅買主.

　　前廊視野開闊, 給房子外觀帶來的印象也悅人. 而後廊卻更具隱私性, 同時方便進出廚房和後院活動, 別有一番長處.

　　在巡視外廊時, 要注意它是否屬于原始設計的 一部分. 如果是後來加建的, 則要小心觀察它的基礎是否牢固, 屋檐屋頂是否與主屋銜接合理堅實. 房屋增建部分常常因施工不善, 特別是基礎不足而下陷, 造成與主屋不吻合、變形、漏滲水等毛病. 要小心!

　　原有外廊加牆圍成 "太陽房", 常有忽視加固基礎的毛病, 因爲改成房間後, 擺設家俱、人活動增加等等, 會大大加重了壓力, 使原有地基部分不能承受而漸漸變形.

總之, 房屋原始設計不宜做太多改動. 特別是結構性改動. 務必請真正合格的建築師專業設計才妥當.

外廊的地板必須堅固耐用, 不可有大縫或凹凸不平處. 最好有防滑的表面處理. 如有秋千椅, 要查看懸挂處上面的木料是否有蟲蛀或朽化迹象.

露臺通常是以木料建造的. 它是夏日户外進餐、燒烤食物、招待朋友、陽光浴等等之最佳地點.

其木料應是高壓處理過的, 防蟲防腐, 能有三四十年壽命. 也不需特別護理. 如果是用未經高壓處理過的木料, 會受蟲蛀、衍生菌類, 雨水浸入會與樹汁發生作用, 産生腐化. 如果不加以特別的保護措施, 只有十年左右壽命.

特別是在與地面接觸部位, 更應使用指數 0.4 以上的優質高壓處理木來建造. 基礎應是水泥樁, 以防下陷變形.

露臺可以幾乎任何地形位置上建造, 可有各種形狀. 主要分爲兩種: 附在房屋上的延伸型, 以及完全獨立型.

無論哪種, 都要查看基礎是否堅實、 臺面是否平整、 木料是否有朽化狀況. 如果是延伸型的, 更要看它對主屋有無不良影響.

•供水、排水及化污池 (Water/sewer system and septic tank):

供水系統有兩種: 市政自來水和井水. 近城區大多數房子是用自來水. 有的房子有井取水, 但只供緊急情況下使用, 或是用于澆花洗車之類. 在偏遠地區, 井水則是唯一的水源. 有人統計, 全美國半數以上的家庭是用井水源的.

在如今污染問題嚴重的情況下, 飲用水質是值得令人關心的. 當你決定在某一地區選房子時, 應該了解當地近年有無水質問題. 如果自來水不可以飲用, 便只好買瓶裝水, 不便宜. 同時由于水費逐年上升, 從前這種微不足道的開支如今也變得重要了, 不可不打聽清楚.

在用井水的地區, 需要了解當地冬天下雪時是否用大量化雪鹽。 如果公路排水道不夠順暢, 會使近路邊的井水變咸受污. 更要緊的是, 看看化污池的位置是否太接近井? 不光是自家的, 更要看看鄰居的, 特別是後來建築的房屋。 井的理想位置應在高處如坡頂, 遠離化污池及其通道。

還有就是要了解附近從前是否有加油站. 因爲加油站的地下儲油罐在朽化後會引起附近水井受污變質, 很難防止.

在使用井水的地方, 供水量大小是個主要問題。 每個家庭在某一時間内所需水量不同, 必須根據你的實際情況考慮在征得屋主同意後, 可將廚房、浴室所有水龍頭一起擰開, 看看水壓足不足, 有無水流量明顯減少現象。 也不要忘記在正式驗屋時提醒驗屋師這一點。 如發現水量不夠, 就要要簽約時列出條件, 要賣方加大儲水罐, 或從房價里減掉工程所需費用。 一般情況下花錢在幾百至千余元之譜。

在城市附近的房子通常下水道是連接市政排水系統的. 每年費用也連在水費一齊算(water and sewer services)。 在偏遠地區,則很可能没有這種系統。 要靠自己的污水池自化處理。 所有用掉的污水連同糞便一齊排入池内。 如果你看的房子屬于這種, 化污池就是一個需要查驗的項目。

大致上來說, 三卧室的家庭需至少900加侖的容水量, 四卧室家庭則需要1125加侖量才夠。

觀察污水池(septic tank) 時, 注意看看池周圍的土是否嚴重潮濕。 聞聞是否有很重的臭味? 這些是有問題的標志。

問明污水池的年齡、容量、是否有毛病、 經過修理等問題, 從屋主的回答(以及神態上) 可能看得出一點疑慮。 但不管他如何回答, 如果池齡超過十年, 都需要叫專業人員來測試。 專業人員會從抽樣化驗中知道化污狀況。

通常污水池每隔二至五年要抽空一次,具體時間根據大小及專業人員的判斷爲準。 隔太久會致使污物集結太緊; 隔太短時間則會不必要地殺死那些對化污有利的細菌。 一旦化污不順, 流通也會有問題。

換新池的開支不小，三千元至五千元以上。所以說請專業人士驗池是劃算的開銷。

•管道（Pipe):

無論供排水是屬哪一種系統，室外部分與室內部分的主要供水、排水管道的狀況都要保持良好。太老的管道不但外部易朽，內部也可能變窄，導致流通不暢。

橫向排水管道應是向下傾斜安裝的。標準是每尺要下斜1/4寸。打開水龍頭看流水速度是否迅捷無阻。特別要注意有無漚臭的下水道氣味，是有問題的標志。

水管的材料也有好幾種。鑄鐵管（cast-iron pipe）最厚重結實，流水安靜，最不受通管化學品腐蝕，又不生銹。最適合于安裝在室外部分和地庫。由于它的隔音性能強，如果管道必須經過廳或臥室的牆，最好采用鑄鐵管。

鍍錫鐵管 (galvanized steel pipe) 內外鍍防銹層，比較粗糙欠滑。沉澱物比較容易附在內壁，造成內徑減小、影響流速。是一種容易出毛病的管道。優點是結實、比鑄鐵管容易安裝。廣泛用于室內進水管。

銅管 (copper pipe) 長壽，不易受腐蝕，易彎曲安裝。但是需要特別的壓力箱來防止由于突然開關時常產生的鳴響振顫聲。現在室內大部分供水管道都是用它。

塑膠管（plastic pipe）輕巧易裝、便于支撐、不受腐蝕，而且內壁特別光滑無摩擦。缺點是不結實、不可彎曲、在強壓下易開裂。再有就是水流聲大，不宜裝在廳、臥室附近。它的使用年齡也較短些。

下水道工程不單費工費時、耗費龐大，而且拆拆補補，影響家居生活。更討厭的是一旦出問題，相當難找到來源，是個非常頭痛的問題。看房時不可不細心查看、詢問，以免將來麻煩。排水管如堵塞 (如果使用不注意或是年齡太老，這是常有現象)，會造成污水甚至糞便外溢，很骯臟！但是如果有清管口（clean-out plug），也是不難溝通排除的。看房子時要注意看有沒有清管口、在什麼地方、是否容易接近。如果沒有，則應在靠近入水管及水表處有一個凹形過濾管 (house-trap)，兩頭可以打開供清理堵塞物。 總之，清理堵塞的方便性應是驗屋的一個考慮因素。

六、危害性物質與蟲害 (Hazards and Harmful Insects)：

在所有關于房屋的問題中，除了結構性的重大缺陷外，危害性物質與蟲害就是最大的危害了。

如果一所房子有危害性物質存在，其價值大打折扣不講，對住人特別是小孩的影響極大，絕不可以輕視！

•所謂危害性物質，分爲好幾類:

第一類是保溫層的材料石綿 (asbestos) 以及 UFFI。 這兩種保溫材料都先後被聯邦和各州政府嚴格禁用并明令拆除。 經醫藥界研究發現，這兩種物質在松動情況下會有極細纖維 (particles) 散飄在空氣中。 被人吸入後易停在肺部，極難被排泄出人體，致癌性很高。

如果是七十年代以前建的房子，有可能帶有這兩種物質。 在看房時，要特別小心看地庫的暖氣管道。 如見到有保溫層 (insulation) 包住就要警覺！ 如已經被拆除也要小心，因爲這種拆除工程一定需有專業執照人員執行才算合格。 在未經確定拆除是否徹底的情況下，應該雇請專業人員重新測驗才可放心。

***有任何懷疑都要請教專業人員，不可光聽信屋主的保證. 如果拆除不善的話，會導致更多飄散物，反而加重危害.

如果未經拆除的話最好不要買，拆除工程困難， 效果不一定百分之百保證，而且花費很高。

現在流行采用的保溫層材料是玻璃纖維、隔熱泡沫等，效果都很好。

第二類危害物質是含鉛的油漆。 從1950年代以來已漸被禁用，1970年政府正式立法全禁并拆除。這種油漆一旦斑駁，鉛粉散飄在空氣中，遭人體吸入後，鉛會順血液流通, 凝在大腦血管内, 造成大腦缺氧缺營養. 對兒童影響尤其大. 研究顯示在含鉛高地區, 學童成績表現低下, 智障兒特別多. 鉛中毒引起智力發展緩慢已是醫學界定論, 非常可怕!

如果見到老房子油漆很舊, 就要警惕了!

按規定, 不可以在這種漆表面上再加蓋新漆, 只能由專業人員徹底清除後再上新漆, 難度大花費高. 所以説, 明智的辦法還是避免這種房子. 起碼要在合同中寫明, 要屋主雇請專業人員清除并出具證明才可接受. 別忘了叫自己的驗屋師再次驗收. 政府規定含鉛漆清除的責任在屋主.

第三類是近年引起 人心惶惶的氡氣 (radon), 人稱 "無形殺手". 這種氣體一般存在于某些地區土層中. 它由地庫進入屋内, 易導致癌病. 相對來説, 一經發現清除比較容易. 要主方法是加强空氣流通, 增設特殊的排風扇, 花費不大.

如果氡氣量大 (20以上), 就對房屋價值産生影響了. 誰都擔心萬一排風失效的隱患.

驗氡氣的方法是用特制的試劑盒數個, 擺在地庫各個不同部位, 幾天後取出密封好送到專門的實驗室去化驗. 最好由驗屋師進行, 花費不算大. 專家估計在不久的將來聯邦亦會立法規定測驗氡氣.

除了危害人體健康的幾種物質外, 蟲害對房屋的影響也是極大的. 其中最可怕的兩種害蟲就是白蟻和食木蟻 (termite and carpenter ants). 它們對房屋木料的損害極大, 最嚴重的情況可使整個房子結構報廢! 足使屋主聞聲色變.

害蟲一般是從房子的靠地部位爬入室内. 它們不停地嚙咬任何木質的材料, 而且繁殖速度是以復數式增長, 破壞性也就迅速擴大.

現代建築用木是經高壓逼進化學藥物處理過的, 蟲不會咬. 在施工方面, 也應用金屬 (不銹鋼) 薄片鋪設在基礎與地梁之間, 防蟲類爬入木料部位, 有效阻擋了蟲類的入侵. 一般來説, 用料、施工得當的新屋受蟲害的可能性相當低. 但如果在屋底漏有未經處理的木料, 施工後未加清理 (特別是外廊下、露臺下、臺階下容

易受忽略)，蟲類仍可能順其爬入室內. 基礎部位如有裂縫，也是蟲類爬入的渠道. 所以說看新房子這方面也要留心.

查看時要特別注意外基部分有無象細小坑道一樣的蟻糞通道，有無象鋸屑的木粉散落成堆. 如有可能，用一把尖利的小刀輕輕刺一下沿牆腳根各處，看木質是否已經被蛀變質. 正常木質是相當硬的，不用力難以插入.

在外部，水泥牆面通常是覆蓋到地面的. 如有裂縫也是很容易引入蟲類順其上爬.

在室內，特別是地庫、樓板靠牆處容易發生蟲害. 要用電筒照一下那些最不易清掃的邊角部位，看看有無蟲咬的碎屑.

如果房子曾經有過蟲害，但危害有限，而屋主已經請人做過殺蟲處理的話，問題應該不大. 最好再叫賣方請專業人員處理一次，并出具保證書(warrenty). 現代殺蟲技術相當可靠有效.

如果蟲害已經影響到結構的完整性，問題就不簡單了. 應該避免買下蟲害重的房子.

七、海濱地區防風暴要求:

近年來，幾場罕見的風暴(windstorms)襲擊美國的太平洋及大西洋沿岸，造成大片房屋損失，保險公司也為此付出巨額的賠償. 因此，保險公司制訂出一套新的收保準則，要求沿海地區房屋加固防風措施，盡量減少受風暴破壞.

面對海的屋檐，瓦面一定要保持貼實完整，樓梯要用鐵或水泥建制，陽臺也要特別的結實. 總之要不易受風吹壞，避免打下來造成人物的傷害，吃上官司.

看房時要注意這幾點， 否則在買保險時會遇到麻煩. 到頭來還是不得不按照保險公司的要求改建，增加自己的負擔. 這也是要花費幾千元、上萬元的開銷!

第七章　談判與簽約

本章重點:　　出價與談判條件　·　找律師　·　簽合約的注意事項　·　律師的服務內容　·　需要特別小心的細節

　　買房子是費時間費精力的一件大事. 有的人也許只花幾個星期就找到了合意的房子, 有的人卻可能要花上一年多的時間. 多數人則是折中, 需要幾個月. 不用說, 看房子是很累人的. 要有耐心, 不用急, 你一定可以找到你的夢想屋的!

　　看房之前, 你已經做過了周密的思考和詳細的計算, 決定了自己的能力與要求, 訂下了適合自己條件的價格範圍. 在最初的階段, 你找到了滿意的地區, 縮小了搜索的目標. 然後, 集中精力看房子, 反復比較, 終于找到了各方面都稱心的一所房子. 價格也在買賣雙方都可以接受的範圍之內, 你離正式買房只是三步之遙了! 即: 談判簽約、貸款、過户.

　　如果你還沒有請人驗屋的話, 現在就是時候了. 要確定驗屋師的資格、經驗以及工作態度能夠勝任, 值得信賴. 其資格應具備有結構工程師執照 (licensed structural engineer). 你已經根據前面各方面所分析的要領初步查看了房子, 相信大多數情況下驗屋師的報告也是令人滿意的.

　　你很興奮: 這麼多時間和精力沒有白費, 總算有了結果! 現在真是恨不得馬上進行購置手續, 盡快圓屋主夢!

　　可是, 要冷靜! 沉住氣! 進入談判階段只是漫長繁雜程序的開頭罷了. 序曲過去, 真正的節目才剛剛揭幕.

　　任何事情都有兩種可能結果: 成功與失敗. 特別是買賣房屋, 很大程度上成交與否并不完全取決買賣雙方的意願和努力. 在諸多因素與步驟中, 有時一環一步出了差錯, 整個交易都可能泡湯。 所以, 要有足夠的心理準備。 朝最好的地方努力, 往最壞的地方打算, 才是不會錯的。

　　明智的做法: 對待買房子就會做一筆生意一樣, 以商言商, 盡量不帶感情色彩。 哪怕你真的愛上了這所房子, 也要裝成只是在尋求一項合算的交易的樣子。 不動聲色, 不輕易露底。

　　如果你是夫妻一同前往看房子, 最好事先約好"角色扮演"。 一方顯得很有興趣, 一方卻表現出猶豫勉強, 好象想要又不想要的樣子。 不要忘記經紀是為賣方服務的, 所以這種表演不要在經紀面前露了餡 (特別是當單獨與經紀在一起時)。 要知道經紀很可能是會傳話給賣方的! 這種"表演"目的是讓賣方 (及經紀) 一方面覺得很有成功希望, 另方面又擔心失去交易。 這樣他們可能會更容易做出妥協以促成交易。

　　相反的, 如果你們一同顯示出對房子的興奮, 甚至激動不已, 互相催促馬上出價, 屋主可能會察覺到你們一定非買不可, 而堅持不做應有的妥協。

　　這也是一種心理戰。 所以要冷靜, 以做生意的方式來處理出價與談判。
　　當然, 除了盡量爭取拿到最低最理想的價格, 也要準備在合理劃算的範圍內適當的調高出價, 或降低一些條件, 促成買賣。

　　下面,我們來看看幾個需要盡快解決的方面:

　　　　1) 出價并列出初步條件,

　　　　2) 談判, 討價還價,

　　　　3) 調整雙方價格與條件, 達成初步協議,

　　　　4) 找律師,

　　　　5) 談判與正式簽約,

　　　　6) 接洽貸款商, 盡量了解行情,

　　　　7) 詢問會計師或財務專家, 了解稅務等方面影響.

一、 出價 (Offer to Purchase)

　　　　這是正式談判買房子的第一步。 通常買方不會一下就接受賣方的叫價(asking price), 而是根據自己的意願, 開出一個買價 (making an offer)。 如果賣方接受, 雙方就可以在價格上達成協議。 如果雙方距離太遠, 可能談不攏, 彼此沒有進一步談判的責任。 如果雙方距離不太遠, 則可以從彼此互相妥協一下, 靠攏中間價格, 或是在其它條件上松動一下(比如賣方留下多幾件電器、游泳池之類, 但不降太多價), 最終可以達成交易。

　　　　這是正式購置的第一步。

　　　　再提醒一次: 不要輕易出價。 不是真正喜歡的房子就不要出價。 一旦出價就有可能負有法律上的責任而不能違約。 比如說, 你覺得經紀帶你去看了十幾所甚至幾十所房子, 不出個價好象面子上過不去。 就對一所并不真正滿意的房子隨便出個價, 在房主叫價基礎上降低20%, 以爲賣方一定不會接受, 交易雖不成, 卻對經紀顯示了購買誠意, 給他多些希望。

　　　　這是很冒險的做法。 萬一賣主接受了呢? 你會很被動! 很難找借口推脫 (當然在正式合同未簽之前總還是有辦法的)。 再例如, 賣方同意減去 10%, 以開辟一個進一步談判的空間, 你也會很難爲情完全拒絕做一些妥協。 你的拒絕也會讓別人(特別是經紀) 覺得你很不近情理, 或缺乏誠意。 反而弄巧成拙。

　　　　所以說, 出價不是兒戲, 一定要認真對待。

　　　　在這個階段, 基本上是買賣雙方加上經紀的互動運作, 并未牽涉到律師方面(當然如果一開始就用律師也不失爲一個好主意), 因爲大家都未曾知道交易是否能進行下去。 但是有些關系到法律方面的程序是要小心對付的。

　　　　草簽購買意向書即出價 (Offer to Purchase) 就是一項要小心對付的。 值得指出的是, 盡管相當多的人并未拿它當作正式的有法律責任效力的文件, 實際上它是可以被執行的 (enforceable), 如果賣主接受出價 (以及附加條件) 而買方反悔拒買的話, 賣方是可以根據這個文件去告買方索賠的。

有的地產經紀用很正式的表格，有的則故意用隨隨便便復印件，顯得非正式的樣子。其實它們的內容相仿，一旦簽署，法律效力是一樣的。一定要讀完、理解後再簽名!

其內容通常很簡單: 買方姓名、住址、工卡 (社會安全) 號碼、電話之類，願意以某價格購買某地址房屋，或是再加上願意付多少頭期款等等。

有的經紀要求買方開一張小額支票，以顯示出價誠意 (earnest money or good − faith money)。通常不超過500至1000元。照規矩，賣方是不應該將這張支票存入銀行或提現的。但如果買方無理由反悔，賣方則有可能這樣做。在很多地方，這種手續根本不存在，出價誠意以簽名為準。買賣雙方在簽合約以前基本上是靠承諾取得互相信任。

在出價時，買方也應列出附帶條件。這些條件包括要求賣方在賣屋前應修復某些部位、殺蟲、以及留下部分電器及其它附屬設施等等，算在售價之內。更重要的，要說明如果買方申請貸款不成的話，可以不負任何責任地退出交易。同時賣方要負責提供一切必要的證件，通過必要的房屋檢驗。盡管這些是慣例，正式說明總是安全穩妥一些的。下面在正式簽約時還會詳細敘述。

二、談判價格以及附加條件

在討價還價的階段，各人按自己的意願行事，倒沒有什麼一定的成規。原則上是開價時要偏低些，留些余地談判。還有就是注意: 經紀只是中間人，不要輕易讓他說服你同意一個高過你想開的價錢。

比如說，賣方叫價二十萬 (通常會說成十九萬九千九百元)，你開個十八萬 (通常降低10%到15%是意料之中的，當然如對方根本就是漫天要價，獅子開大口，你就要殺得更低些)。經紀顯得很為難，說什麼上次本來已經有買主講好了十九萬，後來只因為貸款不成才作罷，賣方一定不會同意十九萬以下 (這種故事太濫用了，你可能會常聽到)。甚至說你的出價太低，帶有羞辱人的意味。只要你認為出價中肯 (別忘了還有上調的余地)，就要堅持。可以告訴經紀: 買賣房屋本來也是一種商業生意交易，討價還價是正常的，不帶什麼個人意氣色彩。生意做得成大家都好，做不成對大家也沒什麼傷害．　如果賣方不接受，也不必生氣．　經紀應該會照你的意願傳話的．賣方應該也不致于真的生氣而干脆回絕．　如果萬一賣方真的很意氣用事，這椿交易不進行也罷！　與這種人交易會麻煩多多．

**　記住：出價低了可以往上調．出價太高反悔要下降就不容易了．

自己心目中的底價不要告訴經紀，他根本就是爲賣方服務的，他從你身上拿到的價格越高，他得到的傭金也越高．例如：賣方叫價二十萬，你想以十八萬五千元買下，你最多最多只應開出十八萬（開十七萬五千元更有調整余地）．讓經紀產生一個印象，認爲你最多只肯出十八萬，可以逼使他去說服賣方盡量向你的價格靠攏．

**最好也不要讓經紀知道你的實際購買能力．對方很可能會透露給賣方的．了解你的底細只會對他們有利．

如果地產市場在這個時期不太景氣的話，出價應盡量偏低些．只要不離譜，顯示有誠意就可以了．

屋主售屋的迫切心情也是影響成交的一個重要因素．　在幾種情況下賣方通常會特別心急，更容易些做出價格、條件方面的讓步：

—— 屋主已經在別處買好了新房子，急着要搬走．或是已經選好了新居，需要賣出舊居才有錢購買及貸到款．時間是他們的敵人，越拖越被動．

—— 遺產屋，特別是繼承權經過長期紛爭得到解決後．由于幾方繼承者不易妥善瓜分，總有部分產權者願意干脆盡快賣屋，得多少算多少．

—— 屋主夫婦離異，想盡快解決財產糾爭．必然有一方更急于妥協讓步．在這種時候，離異的雙方是很難冷靜處理財務的．

—— 屋主由于工作或生意原因急于搬遷或籌款．

如遇到上述情形，不妨耐心一些，趁機壓低些價格．但一定要讓對方意識到你是真心實意的有興趣, 有成交可能. 這倒不算是什麼奸詐的作爲. 歸根結底, 買賣是一項生意交易. 而且, 要買的房子很可能就是已經賺錢的. 你壓的價低, 對方賺少些而已.

討價還價的結果大多數是在買賣雙方出價之間的一個價位上成交. 有時接近買方出價, 有時接近于賣方出價. 這在很大程度上受市場及當地房産受歡迎程度上的影響. 你應該根據具體情況決定.

有時雙方的差距已經縮小到相當接近的地步, 卻因雙方都不肯再退而僵持住. 例如只差幾千元, 卻達不成協議. 在這種情況下就需要些靈活性了. 我們可以嘗試一些通融的方法, 如要求賣方多留一些電器或設施, 甚至家具、燈具等等.

有些東西是生活必需的, 我們反正要花錢購買的, 不如叫賣方一齊留下算在房價里. 有的東西并非十分必需, 但能擁有也不錯, 要比買新的劃算很多, 把它們列入買房的條件之中, 可作爲討價還價一部分.

從買方角度來看, 雖然買價比最理想的高了些, 但得到的東西多些, 而且已經是現成安裝好了, 可免除選購、運貨、安裝的花費與麻煩而且將它們折入房價中, 可慢慢付, 又有減稅的好處, 是一種折中的方法. 有時甚至可以得到一些相當有價值的古董 (千萬不要小看那些老爺鐘、舊款實木家具!).

但是, 一定要留意電器、家具的質量與保養狀況, 好東西才有價值. 垃圾貨只是負擔而已.

從賣方角度來看, 留下部分東西以換取稍高的價格當然也不錯. 如果他們去買另一所房子, 很多東西可能已經配備好了, 不必要從舊居搬過去. 搬遷費用是相當高的! 有時要花幾千元. 如果留下一些并不十分必要的東西, 既可以促成交易, 又可以省下些運費. 賣價上多獲得的錢足可應付搬遷. 所以說這是雙方有利的一種妥協方法.

有些賣主相當狡猾, 盡量不留下什麼東西. 然後在成交後, 再說服買方一件件買下, 以獲得較好的價錢. 對付這種人當然也只有以其道還治其人之身, 明明想買也故意做出不感興趣的樣子, 慢慢殺他的價. 如果他相信你真的不想買, 那他只好搞一次"車房賤賣"(garage sale/yard sale), 既費時間又賣不出好價錢. 他最好的希望就是房屋買主有興趣. 拖他一下再開始表示有一點興趣. 大多數情況下你會殺到很好的價錢的.

總之, 在出價時, 要將留下的東西作爲條件列入談判之中. 討價還價可能是煩人的, 也有可能變得靈活而有趣. 如果你真的很喜歡這所房子, 各方面條件符合你的需要, 也許你不應當爲了一點點差價而放弃. 試試通融的方法.

• 更重要的是在律師指導下簽正式的購置合約. 千萬不可以在沒請律師的情況下草率在對方律師立的合約上簽字! 一旦簽了字, 什麼都要依照合約條文辦事. 在簽約時是要付出訂金 (deposit) 的, 通常爲總價之5 % 至10%. 如果反悔, 對方是完全有權不但吃掉訂金, 還會依法告你違約. 在未簽約前, 主動權是在你手中, 進退在于你, 簽約之後就失掉了主動, 落于下風了!

所以説, 找律師簽約是下一步行動的關鍵.

三、找律師簽約

1、雇請得力可靠的律師

首先, 重復一次專家的忠告: 不要請地産經紀介紹的律師. 他們通常與經紀合作密切, 比較注重經紀的利益 (間接的也注意賣方利益), 簡言之, 就是盡快促成交易獲利! 市面上地産專業律師有的是, 爲什麼要請他們? 同樣的道理, 也不宜找他們推薦的貸款商, 更不用説驗屋師了!

最好是自己去找一個你信得過的律師, 完全代表你的利益,才可以最大限度的保護自己.

通過親戚朋友的介紹、推薦, 是一條好的渠道. 至少他們認識了解、或體驗過. 但這也不能取代你自己的尋找與判斷. 每個人的個性、時間表不同, 合適他人的律師未必合適自己. 如果不能滿意的合作, 再能干的律師也不見得是你最佳的選擇.

　　找到一個使你信任、能干、富有經驗的專業地產律師是非常關鍵的. 有的律師并不是專業地產律師, 而是什麼 (或是幾乎什麼) 方面的案子都接, 涉及面太廣, 反而難在某一方面精專. 你必須判斷他是否真的很能干. 如果你真的很信任他, 當然也可以請他代表你. 否則的話, 還是請專業律師比較穩妥. 如果一切順利, 房屋買賣固然是不算太難的業務, 就怕萬一買賣過程中出現復雜情況, 非專業律師就可能掌握得不夠老練.

　　代表你的律師必須肯花時間與你反復討論每個細節, 肯耐心解答你的疑問, 而且勇于不含糊其辭地給你忠告、建議甚至警告, 以防你誤入陷阱. 從職業道德上來說, 他必須盡一切努力來維護你的利益, 肯爲了這個目的與對方律師針鋒相對地談判, 爭取到對你最有利的交易. 在必要關頭, 他必須舍得勸你放弃這項對你明顯或潛在不利的買賣, 哪怕他從你這里少賺些費用也在所不惜.

　　另外, 他必須讓你在合理的時間内有辦法與他聯絡、求教. 有的律師一旦受雇, 便很難再接觸到. 只是讓秘書爲其傳話, 其信賴程度就大打折扣. 由于在買賣過程中, 隨時會有這樣那樣的問題出現, 你可能常常需要他的專業性指教, 找不到他是會令你懊惱的. 秘書雖然有一定的經驗, 并不是對每個問題都有權威性的專業見解. 也使你懷疑這到底是律師意見還是秘書意見, 令你很難感到完全放心. 如遇到這種情況, 應該及時、認真地抱怨. 同時有禮貌而又堅持地要求得到律師的直接解答. 只要你讓他們了解你的合理要求與焦慮心態, 你會贏得他們的重視與敬畏的. 他們對你的服務當然也就會更認真仔細了.

　　在這里需要指出一點: 并不一定是有名律師或大規模律師樓的服務會令你滿意. 也許他們太忙, 太過于集中精力應付大案子, 對你的 “簡單案子” 不夠認真對付. 時間上也比較刻板, 使你很難見到律師大人; 也許經手者只不過是大律師手下新來的 “實習生” 罷了. 還有, 也許他們的手續費也偏高. 當然, 這也不一定全對, 必須具體情況具體分析. 關鍵是多比較幾家, 看看自己感覺對不對頭.

　　如有親友推薦, 你需要問清楚他們是否有親自與該律師打交道的體驗, 或是道聽途説罷了. 盡量詳細了解爲什麼他們會推薦這個律師. 看看律師辦公時間是否對你方便、收費是否公道、容不容易聯絡、秘書是否精干助人等等。　然後再以電話聯系 (不妨告訴是熟人推薦的以獲取重視)，初步了解情況，試試自己的感受.

當然，第一次接觸對方總是會熱心友善的。但如果首次感覺就不悅人，也許你就得心中存疑了．如果感覺對頭，不妨約個時間親自去面談，進一步了解對方。

多約幾家，有比較才有助于判斷與選擇。　不要第一次就應承雇請對方，可以直接說明還約了別人，需要考慮．慎重的客戶總是較爲受重視。爲了爭取生意，律師應會努力給你一個好的印象．

費用方面，根據每個地區、所買房屋類型、價位等具體情況的不同，很難一致，一般在五百元至一千百元之間．　以紐約地區1990年代中期爲例，單家庭住宅購置的律師費大多數在五百至八百左右．沒有什麼特別困難、麻煩的交易的話，不應超過一千元．　最好是按件收定價 (flat fee/per case)，比較使人安心．　不管交易過程中出現什麼棘手狀況、花費多少時間，你都是付這個定價．

考慮到買賣過程的復雜、瑣碎的文字工作、所需的時間與精力，這個價格範圍內的律師費是不算貴的．用這筆錢，可以舍掉你多少麻煩與危險，保護你真正大筆的投資!

在與律師初步會談時，他會詢問你一些有關所選房屋的情況：如房子的地址、價格、狀況。以及你的資訊：你的工作及家庭收入，準備付多少首期等等。

根據這些資訊，律師會告訴你從法律角度上你所需要考慮和着手辦的事．他應該進一步解釋他會爲你提供的各項服務、各個步驟，讓你知道基本的法律、貸款、財務上的程序，以及所需的證明文件等等。

如果你委托定了一個律師，通常你會被要求先預付一部分律師費，其餘的在過戶時再付清。

2、正式簽訂合約

　　　律師的首要任務就是簽訂購買合約。他會馬上與你的地産經紀聯絡，進一步了解房産的細節。再接觸賣方律師、討論合約内容。

　　　通常賣方律師會事先準備一份合約，列出各種條件。其中包括地址、賣主姓名、售屋附帶的基本電器設施如冰箱、空調、洗衣機、烘干機、洗碗機、燈具、游泳池之類。有時會具體列出賣主將拆除帶走的部分。有的會故意含糊不明，或少列出幾件重要的物品。你必須根據自己的清單與律師仔細核對，再加以説明，要求澄清。不要也含含糊糊、模棱兩可。要知道你不在合約中列出的東西他們是有權搬走的，到時再爭執就太晚了。

　　　在這個階段，基本上還是屬于一種正式的討價還價。你提供細節由律師去與對方律師核對。律師是不會親自去查看房屋的，只能根據你的叙述去交涉，幫傳送口訊而已。談判和決定是由你來做的。

　　　同樣的，律師并不負責幫你討價還價，無法代你做出妥協。如果雙方在此階段出現分歧談不攏，律師也只好結束交易談判。當然這種情況是很少發生的，除非是買賣雙方負氣用事或一方反悔、故意刁難又另當別論。

　　　除了這些，對方律師更會明確要求付款方式、時間表，其中包括各種押金部分，以及過户日期等等。

　　　如果你尚未請驗屋師正式驗屋并寫出報告的話 (希望你在此之前已經做好這一步了!)，律師則會暫時擱置所有其它重要步驟，而催你趕快請人驗屋。驗屋報告應以第一時間方式直接送到律師辦公室由他研究。這重要性遠大于有關電器用具之類的爭議!

　　　律師會查看驗屋報告中是否有房屋帶危害物質，有無結構性危險、違規建築部分等等牽涉到法律方面的問題。如有此類問題，他應會勸你不要急于買下，除非賣方同意改正違規，并申請到房屋樓宇局的批準書、拆除危害物質、修理好結構等等，并將這些要求列入合約中。如果你願意自己做其中一些修理工程 (但不應在拆除危害物質方面妥協, 這是法律明文規定爲屋主責任的), 則可要求賣方再降價到你能接受的程度 (一定要大過實際工程所需費用才合算), 交易仍可繼續。

在雙方基本談攏後, 雙方律師會在原有合約上做出改動, 再打印出一份正式合約。 合約通常是在一種"標準印制表格" (standard printed form) 基礎上修改而成。這種標準表格其實并不標準, 不要被它唬住! 在對方律師增删之後, 更會有偏差性, 有利于賣方。所以買方律師在談判時也會相應做出有利于買方的增删, 直到雙方基本滿意爲此。律師應隨時就改動内容與你磋商, 讓你明白并取得你的同意。其實改來改去, 最主要的部分是合約的附帶部分 (rider)。

在簽約前, 你需要與律師再仔細研究每一細節。 核實價格, 隨屋出售的所有物品、 要修理的部分的具體工程要求、 材料及完工日期、 殺蟲的保證書等等。如果這些方面仍未白紙黑字寫明, 將來誰是誰非是扯不清楚的。 要麼寫明, 要麼繼續談判 (要求降價), 絶對不能急着簽約。

最關鍵的條款是有關所謂先決條件部分 (contingencies)。 雖然這種爲保護買方利益而設的先決條件已獲得廣泛的采用, 成爲標準實踐的一部分, 你仍需要真正明確地知道它們是被包括在合約之中, 要麼是列在標準表條款上, 要麼是由自己律師列在附加條文 (rider) 上。 千萬不可大意!

最重要的先決條件有兩條: (1) 驗屋報告合格。 特別是不含有危害性物質。如達不到安全標準, 賣方要負責克服。 要是賣方没有依照合約辦到, 你可以退出交易并索回全部訂金; (2) 買方貸款成功。 意即你必須全力以赴盡快申請到所需貸款。但假如由于任何你無法控制的原因, 銀行拒絶貸款申請, 你也可以退出交易。 對方必須將全部訂金悉數退回給你。 當然, 任何一種情況發生, 雙方花費的申請費、 驗屋費、 律師費等等都白白花了, 時間也損失了, 但任何一方不得依此向對方索賠。這種損失是屬于正常的交易開銷。 雖然損失了, 數目不大, 總比拿不回訂金划算多了。

這兩點條件是廣泛性實行的。 其它理由也可以成爲你的先決條件列入合約中, 但賣方是否接受就是一個需要靠談判來解決的問題了。你可以試試。 如果賣方萬一連兩點最基本的條件也不接受的話, 就是違反常規。 你不可以再與他進行交易。

這是保護自己利益的原則性問題。

在閱讀合約中附加條款部分 (rider) 時記住: 這些才是真正要小心的細節, 雖然是附加上去的, 法律上的效力卻是與正文一樣。　往往爭執就是從這些條文上引起的。　如有疑問, 務必請律師解釋闡明, 不要假定律師自然會注意到有任何不妥處。任何人都有疏忽之處, 弄明白才會無閃失!

當一切細節都經討論, 確信無誤導含糊之處, 你才可以在合約上簽名。律師會爲此簽名做出公證 (notarize), 合約正式生效。　從此你以及配偶就爲此交易承擔法律上的責任了。如不信守合約, 是要受罰甚至吃官司的。　換言之, 你必須得真正盡全力去買下對方的房子。當對方也簽了名後, 他們也必須信守合約, 只能將房子賣給你。　否則你也可以依法告他毀約。

3、律師要爲你做的其它事

除了立約、談判、簽約外, 律師還會爲你進行其它一些重要的服務項目。其中最重要的是產權調查與安排過户兩項。

產權調查 (title search) 的目的主要是要弄清楚賣方是否真的是出售屋的合法業主。　說來可能好笑: 談判進行了這麼久, 你還真的不知道對方是否真的擁有其屋!　更好笑的也許是: 對方也可能不知道自己是否有權出售該屋! 這一切都要靠產權調查來了解清楚。

美國的產權問題有相當的復雜性。舉例來說, 比如一所房子在法律上屬一對夫婦共同擁有產權, 可是卻是由其中一方婚前獨資買下的, 現在該夫婦已分居處于協議離婚狀態, 其產權轉移手續尚未辦清。在這種情況下, 如果你只是與其中一方一廂情願者交易, 等產權調查出來後才知道他/她根本無權擅自將屋出售。　對方可能倒不是有意糊弄, 他/她自己可能也不清楚盡管當年是自己的錢買下的房子, 由于婚姻財產的組合, 自己卻是不可以獨自將其出售的!

又例如, 屋主年老辭世, 其後人將屋出售。他們也未弄清楚法律上到底幾

個人有繼承權 (或更惡劣的是其中一人企圖瞞天過海私自獨吞!), 你與他們交易豈不是白費精力! 由于有了產權調查, 你避免了不清不楚的購買, 更免掉了將來惹上官司糾紛!

另一方面, 律師在進行產權調查時 (其實也是通過專業的調查公司來做的), 會查到產權中占地究竟多大, 與鄰居有無侵占或被占之糾紛 (有時是雙方無意識的). 有無違規建築部分 (例如原始建築圖上并無附加車房、外廊等, 後人擅自加建而未獲批準). 如果有上述情形存在, 賣方則有義務克服糾紛, 申請必要的批準文件如C.O. (入伙紙)、改建批準書等等. 如果這些沒有做好, 在申請貸款時銀行查到會拒絕發放貸款或設列條件. 保險一些的做法是, 堅持要求律師督促賣方提供一切文件的副本備案, 以確認對方真的有合法文件, 而并非光是口稱有, 實際上卻拿不出來!

再有就是查屋主有無欠政府的錢, 如地產稅、公共建築費之類的. 通常如果屋主欠了政府的錢, 政府會設置法定債權限制 (lien), 這個限制未經取消之前, 該房屋是不能合法出售的. 如有這類情形, 律師會要求賣方付清并出示證明文件. 記住, 這些欠款是跟產業而不是跟人的, 萬一你買下了一所欠政府錢的房子, 你就自然而然的繼承了這筆債.

然而, 所有這些調查都不過是盡最大限度努力罷了. 現實生活是復雜的, 有時超我們所能想象與預防的程度. 盡管律師已經做了種種努力, 產權方面仍有可能出現麻煩. 例如, 屋主生前有個早年失散的兒子 (或女兒), 將來查到了其父有遺產而找來索取他/她應有的部分, 與你這個新屋主糾纏怎麼辦?

爲了防止你的利益受損, 律師通常會建議你買一份 "產權保險" (Title insurance), 是一種一次性支付的開支. 花上一兩千元你可買個安心, 讓保險公司去對付突如其來的訴訟. 不管結果如何, 你都可以拿回本錢. 這筆錢是值得花的.

如果你買的是新建房屋, 出售者是一家建築開發公司之類的, 律師要查清賣方簽約者是否爲該公司正式授權官員. 商業性公司的股份、財務、 債務稅務情況較私人更復雜, 出現問題的機會更高, 產權保險更是必不可省!

關于安排過戶手續, 將在過戶一章中再述.

　　　在協議買賣過程中, 有一點值得非常小心的就是: 一切要明碼實價的交易! 不要貪小便宜而惹上大麻煩!

　　　聯邦法規定出售房產要如實申報售價, 如果有盈利 (售價高于賣價加維修改善等開支總和), 獲利部分要報稅。 有的屋主企圖逃稅想隱瞞真實售價, 便會私下與買方談條件, 有可能主動降一些價格以換取買方 "臺底方式" 支付一筆現金而不上帳面。 這個交易當然是不能以任何形式的文字紀錄 —— 如合約、 收據、支票、 匯票之類來體現的。 完全憑信用來做現金交易。

　　　這樣做非常危險! 勸你千萬不要同意!

　　　這不單單是違反稅法, 而且從安全角度上來說對你也是非常不利的。 且不說如被查到會被聯邦及州稅務單位起訴, 萬一將來與賣方有糾紛, 你會啞巴吃黃蓮, 有苦講不出! 因爲真正售價不能寫在合約上, 合約上的價格當然是低于你實際上支付的。 無憑無據, 又心虛怕被罰, 你如何要求對方退款?

　　　如果對方找你, 有意進行這類交易, 不但不能答應, 你還必須盡快通知你的律師, 讓他爲你設防。

　　　合約中除了購買價格與條件之外, 也含有不少交易的技術性安排。 這些安排的具體做法大多具有地區性普遍采用的實踐性, 律師會根據慣例辦理。 例如付款方式: 數額、支付形式及時間應很具體。 通常會寫明大額需以銀行支票支付, 而私人支票及現金只宜在過戶時做小額調整上使用等等。 除了銀行支票, 有時也可用其它銀行簽發的本票如 cashier's check 或 treasurer's check 等支票代替。 這些細節必須寫清楚以免將來出現麻煩。

　　　至于押金、訂金代管 (escrow account), 合約中也應寫明由誰代管 (通常是賣方律師), 利息由誰獲得 (有可能是買方、賣方、或歸政府)。 除非交易成功, 或是買方違約, 賣方及律師是不得動用代管金的。 如果賣方不能滿足合約中的先決條件, 賣方律師必須及時悉數將其退還買方。

　　　過戶時金額調整 (adjustments) 方式也應在合約中説明。 如交易成功, 過户時買賣雙方應就屋主已付 (或未付) 的水費、地稅等等做一次結算調整, 多退少補。這方面的金額往往是很有限的。

　　　　律師也應要求賣方寫明在過户後何日遷出。如有延誤,賣方要付給賣方一定補賞。從過户日到遷出日之間的地稅要由賣方負責。如果遲搬,賣方要每日付租金給買方。這部分要算得合理,不必太苛刻。還有就是要求對方在搬家時要小心,不弄壞門、窗、地板之類。爲了防止損失,賣方應放一筆合理數額的代管金在賣方律師處,以用于必要的賠償。只有在買方正式接手房屋後證實無損壞時,才由買方律師通知賣方律師退還這筆代管金。

　　　　有一點常被忽略的細節不可不注意:合約中要寫明買方在過户前48至24小時內有權再巡視房屋,檢查有無新的破損和毛病。記住:從談判好價格時開始,房屋應保持原狀 (as is)。除非明文規定,屋主不必做改善工作,但必須維持其完好性。有任何損壞或毛病發生,賣方必須在過户前修復。如果你未去巡視 (walk through final inspection),或未覺察,待過户以後才提出就太晚了。

　　　　最後,合約中還有一條是保護地產經紀人利益的。你必須表明你只通過目前的經紀去交易的,所以他/她是唯一應該享受備金的人 (或公司單位)。當然,經紀很可能還會與其他人分賬,但就不是你所關心的了。只要你確認他是你的唯一經紀,備金就合法的落在他手上。

第八章　怎樣申請貸款

本章重點: 怎樣找貸款商 · 了解貸款行業的運作 · 不同類型的貸款方式 · 點數與手續費 · 所需證明文件 · 信用紀錄與財務調查 · 信用的補救與輔助方式 · 鎖定利率 · 借貸承諾書 · 正式批準 · 投訴以爭取公平權利

當你簽好了合約之後, 距離做屋主就只剩兩步了: 貸款與過戶。 其中申請貸款是最重要的一環。 可以毫不夸張地說, 這一步棋的重要性與難度并不亞于找房子。 因爲這不光是完成交易的關鍵步驟, 更可以影響到未來十幾年甚至幾十年的家庭財務! 所以我們必須認真了解其中的程序與内容, 爭取順利、合算地申請到貸款。

要知道, 不少人交易不成就是因爲貸款失敗。 有些人雖然拿到貸款, 卻没有精明地計劃好, 以致于不符合自己的長期利益, 因而爲此長久悔恨。

本章就申請貸款的各方面基本知識和要領做一番介紹, 讓你根據自己的實際情況和需要做出明智的選擇與決定。

在開始申請貸款手續前, 你應該好好計劃一下如何着手。 有幾個方面要做些適當的準備:

—— 如果你有定期爲你報税的會計師, 或是相熟的財務專家, 應盡快約個時間請他幫你仔細分析一下自己的財務狀況。 計算一下每月開支, 決定支付能力。 應着重于分析不同年期的貸款對自己將來的長遠影響, 看看哪種貸款方式最適合自己的利益。 對于購買有出租部分的、或是帶有商業用途部分的房屋者, 詳實的計算是非常有利于做出明智決定的。 就算你没有固定的會計師或相熟的財務專家, 這時花一些錢請他們幫計劃也是很值得的.

—— 專家建議, 不要雇傭地産經紀介紹的貸款商 (有的地産經紀本身更是兼做貸款經紀業務!).　由于他們長期合作的關系, 很難想象他會更照顧你的利益, 爲你爭取到最劃算的交易.　爲了盡快促成買賣, 他也許會隱瞞一些不利于你的細節.

—— 前面你已經做了功課: 估算自己的購買力和借貸力, 確信你能支付的首期及將來每月的本、息、地稅及其它開支; 你所購買的房價屬于合理範圍; 你能提供充分的財務證明文件, 信用紀錄也良好 (即使有問題也可以克服, 很少有過不去的難關!); 你就有充分的理由相信銀行會批準貸款申請、完成交易.　要有自信.　記住: 銀行貸款給你是賺你的錢的機會.　他們就是靠收人們的存款 (付低利息),　然後再借出去 (收取高利息) 來做生意的.　因此, 只要從你身上可以賺到錢, 風險不大, 他們自然不會輕易放過你的.　不要怕, 不要低聲下氣求他們.　以做生意的態度來對待他們、精明謹慎、必然成功.　這是心理上的準備.

—— 還要坐下來做做功課: 認真讀一下有關各類貸款以及手續規定方面的章節. 有了基本常識後, 你才能真正理解貸款商在説些什麼, 才會提出關鍵性問題, 才會精明地選擇貸款商.　也才會利用貸款商的專業知識, 幫你進一步精確地分析, 從而決定哪一種貸款方式最有利.

　　因此, 我們先來了解一下貸款方式與種類, 分析一下它們各自的優劣處.

一、貸款種類簡介

1、固定利率貸款 (fixed-rate mortgage):

　　這是大多數人采用的標準型貸款, 也是歷史最長、最容易理解的貸款方式. 它的最大特點是利率固定不變,　每月所付的本、息之總和不變 (雖然在這數額內本與息的比例逐漸變化).　由于每個月所償付的數額不變, 借貸者一來可以不擔心金融市場變化所引起的利率變化,　二來可以準確地計劃整個家庭的財務開支.　大多數人喜歡這種穩定性是有道理的.

盡管固定利率貸款的年期可長可短，大多數借貸者都采用十五或三十年兩種．其中三十年期是較傳統性的選擇，從前絶大多數購屋者都是選擇三十年期．如今則有越來越多的人傾向于十五年期，華人尤其喜歡．一方面華人習慣上不願"負債"太久，另方面從整個付款總額來看，十五年付清要比三十年付清要少付近一半左右，比較合算．此外，十五年期的利率也較低一些．

其它如二十、二十五年期的則不太受人喜歡．一方面利率與三十年的不差上下，二來"合算"的感覺不明顯．所以人們往往寧願要麽十五年、要麽三十年．

其實，種種年期都有其長處與短處．下面簡單分析一下三十年期與十五年期兩種．

三十年固定利率 (30-year fixed-rate mortgage) 的長處如上面所說，不單是利率不變，每月付款數一樣，而且每月付款額較十五年期的要少很多．負擔較輕，普通家庭容易承受．

傳統美國家庭大多數采用三十年期．特別是初次買房子的年輕夫婦，收入未達到豐厚程度，考慮到現時家庭開支負擔較重，更有養兒育女計劃的壓力，想盡量減輕每月支出，因而大多數采用這種年期．同時，對于受薪階層來說，三十年期對退稅方面的收益最大．因爲按國稅局規定，房屋貸款中利息部分可以抵稅，三十年期中付款的利息部分遠遠大于十五年期，納稅人可以最充分地享受到省稅的益處．

另方面，對年輕家庭來說，他們較少擔心到了退休年齡仍未付清貸款．而且由于通貨膨脹等原因，如今顯得很大的一筆開銷到二三十年後會變得幾乎微不足道 (三十年前一般人的月付款都在二三百元之譜，在那時是相當大的開銷，如今算得了什麽!)．再加上年輕夫婦有理由相信自己的收入會逐漸增加，付款壓力也會隨之逐漸降低．到了一定時候，他們會重新調整自己的財務計劃，如賣掉現有房屋，再買一所大些好些的 (到時候孩子大些了，需要空間也大了)，或是重新申請貸款之類．

總之，他們的首要考慮是如何渡過目前的困難，同時盡量減少付貸款對生活其它方面的影響以保證一定的生活品質．所以每月在房屋貸款上的開支是越少越好。

　　如果你的情況相同於這種典型的美國家庭, 不妨參考一下他們的想法。

　　但是三十年期的短處也不少。 首先是整個過程長, 你要付出比屋價高幾倍的錢才可以最終付完, 比較 "不合算"。 例如借十七萬, 在7%左右的利率, 到了三十年終結, 你需要付出四十萬左右!

2. 浮動利率貸款 (Adjustable-rate Mortgage or ARM):

　　這是一種與固定利率大不相同的貸款類型。 它的利息部分會隨着市場利率的變化而上下浮動, 相應的每月付款額也就可能上升或下降。 當然, 在實際運作上, 銀行通常是每年或每兩三年按經濟指數 (Index) 調整一次 (也有的是每半年調整一次), 并非每月都調整。

　　利率的升降通常與一年期 (或三年期) 財政部發行的債券利率指數挂鈎, 根據相應的行情調整。

　　債券利率是非常敏感活躍的, 銀行會根據每周財政部出售債券的情況決定升降貸款利率。 如果借貸人想要掌握這些訊息, 了解利率走向, 可以從主要報章 (特別是華爾街日報Wall Street Jourral) 上獲取。 懂行的人會分析出部分道理, 但任何人也難對利率的長程走向做出正確的判斷。 證券市場有其本身調節的功能, 不爲人願所動, 甚至不太受整體經濟形勢的支配。 所以申請浮動利率貸款便具有一定的冒險性。

　　有時冒險是值得的。 例如在八十年代很長一段時間内貸款利率高居不下, 直至15%左右! 這顯然對固定利率借貸者不利, 但你怎麼知道利率不會進一步上升? 很多人因此仍做出保守性的決定, 申請固定利率。 他們後來爲此決定付出巨大代價而後悔不已!

　　也有相當部分的人開始轉向從前不流行的浮動利率貸款, 以至於使這種類型的貸款變得十分引人注目, 漸漸流行起來。

如果你在當年利率爬到高峰時選擇浮動利率, 到了九十年代初利率大跌時你就大為上算了! 到了九二年, 三十年固定利率降到8%左右時, 連專家們都驚嘆不已, 并預測好景不長。 人們為了抓緊時機, 一窩蜂趕着重新貸款 (refinancing, 通常要付出幾千元以上的手續費之類費用), 固定利率又變得十分吸引人。 怎知道近年來利率又有下跌, 有時竟低到6.5%以下! 如果你一直堅持浮動利率, 你又大大上算了。

據經濟學家統計, 如今申請浮動利率的人數雖然仍遠不及申請固定利率者, 但較從前卻有了大幅度的增加。 不少人認為利率從八十年代末以來, 趨勢是降多升少, 冒險搏一下浮動利率是明智的。 至少從這十余年經驗來看, 他們是搏對了的。 但對于今後利率是否會繼續維持低的局面、 不會上升, 則是誰也說不準的。

持浮動利率的風險究竟會有多大? 很難說。 從理論上來說什麼都可能發生。 萬一通貨膨脹嚴重惡化, 影響經濟秩序和民生狀況, 聯邦貨幣儲備委員會 (Federal Reserve Board) 就會調高利率以圖遏制貨幣流通量。 銀行向政府借調資金費用成本上升, 自然也會提高貸款利率, 導致利率一路攀升。 這種情況在七十年代末、 八十年代相當長一段時間就發生過。 利率長期維持在兩位數, 房屋貸款的負擔很沉重。 好在那時美國經濟也處在高熱度的持續擴張繁榮期 (所謂go-go years), 人們的收入成長快, 不致于出現維持不住的局面。 但其後果也確實造成了地產業長期的低迷不振局面。 到了九十年代中期仍未恢復元氣。

為了保護貸款人利益, 聯邦政府與國會在近年采取了一系列措施。 1988年國會通過一項法案, 規定銀行必須向申請浮動利率貸款的人提供全面具體的資料, 讓他們充分了解其調整的運作過程。 這些資料舉例說明以客户情況為例, 最壞情況出現會是怎樣的局面。 不要忽略這些資料。 仔細閱讀, 如有不明處應要求闡明。

同時, 特別要注意銀行方面是否提供某種程度的利率調整 "上限" (Capping system)。 如今這種 "上限" (caps) 已經被大多數銀行廣泛采用。 通常, 每次利率調整時不應超過兩個百分點 (2%), 而在整個償還期間 (life of loan) 不應超過五至六個百分點 (5%-6%)。 例如, 你的起點在6%, 下次調整時最高不應超過8%。 如果出現最壞局面，整個償還期中亦不得高過11%或12%。 這種設上限的體制非常重要，可讓借貸人有一定程度上的保證和心理準備。 知道"再壞不過如此"，睡覺可以安然些。

另外，盡管銀行貸款給客戶總是要賺取差額利潤的 (margin)。 他們有時爲了吸引客戶，還是會給相當的優惠。 通常它們給借貸人第一年的利率特別低。但第二年起就會上升，二至三個百分點的差額再加上當時市場指數標準（如果當時市場利率上升的話）。 有了上限的保護，可以少受利率突然上揚的冲擊。

銀行方面迫于競爭的壓力，時時會有形形色色的優惠方案來吸引客戶。 廣告上精心設計使用聽上去很有吸引力的語言， 好象他們的特別項目可以爲你提供特別低的利率似的。 其實他們通常會附加很多條件，或是隱埋一些必須的費用，屬于"花招"一類手段。

聯邦政府爲了盡可能的防止銀行誤導客户， 規定他們在廣告上不能光列出利率，而必須加上一欄表明"真正"借貸費用的年度百分比率即 "借貸費用真相" (Annual Percentage Rate APR)。 其中要包括點數及其它申請費用。 要知道點數實際上是預先支付的利息 (下面還要專門談到)，如果多付一些點數，長期利率當然可以低些。 如果廣告上光寫很低的利率，而不透露其要求支付的高點數，當然會誤導客户， 顯得很有吸引力。 有了APR的對比，人們便可以小心些。 打開報紙看看銀行、貸款機構的廣告，你就會發現他們的APR (通常用小號字列出以盡量減低人們的注意) 要高于大號字的利率不少。 所以，如同對待諸如汽車、 機票、 旅店之類廣告一樣，我們必須認真閱讀細小文字 (fine print)，才能了解部分真相。 當然要完全了解真相就必須還要經過面對面的討論，以及深入研究他們的資料。

總之，記住他們是唯利是圖的商人，不是做慈善事業的。 太好聽的話往往是不真實的，英文里有一句很恰當: "If it sounds too good to be true, it probably is."

3、 浮動――固定利率轉化型貸款:

這是居于固定與浮動兩大類傳統式貸款之間的一類。 這種貸款讓借貸人可以利用兩者的優點而走折中的路綫。

　　　　由于借浮動利率比固定利率來得低些,借貸人在開頭時既可以負擔輕些,而在一定時間後轉成固定利率,又免除了對長期利率變化攀升的憂慮。

　　　　當然,這并非意味着借貸人享有隨時轉換的自由。你不可以眼看着利率上升,心里一緊張就決定改轉成固定率的。當銀行同意貸款給你時,已經明確規定何時你可以行使這個選擇在這一點上,各家銀行有不同的做法,有的較帶靈活性,有的則很拘束,你必須對其具體規定真正理解,才好決定采用這個方式。

　　　　除了何時可以轉換利率形式,還要了解:申請費用、轉換時需付的手續費,以及轉成固定利率時計算利率的方法。這些都不是簡單的問題,需要認真地計算策劃,看看是否真的很合算。最好請貸款商用電腦打印出各種模擬形式,供你比較參考,心里才真正有底。

　　　　這種形式的貸款對于不計劃在一處住久的人來說相當有吸引力。特別是它也有可能使你在改變計劃而決定多住幾年時有一個轉爲固定率的選擇機會。如果申請、轉換費用公道,轉換後利率也能接受,這可以成爲一種很好的選擇。

　　　　再强調一次:一定要仔細地研究、詳細地與貸款商討論後才好做出決定。不要急!

4、其它特別貸款項目:

•FHA 聯邦房屋管理局保證貸款:

　　　　從前這種由聯邦政府提供保證的貸款利率比市場利率低不少,可是如今已是時過境遷了。但它可以提供特別高百分比的貸款總額,有的竟達95%。換言之,買主只需付5%的首期!

　　　　另外,如果賣主原是用這種貸款的,買主可以接手繼續供下去,享受其當初較低的利率。并不需要買主本身符合什麼條件才夠格接手。

但是FHA貸款基本上是屬于中小額性質的． 各地情形不同，一般不超過十萬元。

•VA 聯邦退伍軍人優惠貸款:

這種貸款是由聯邦退伍軍人事務局提供保證的低息貸款，一般較市場利率低半個百分點或更多． 另外一個好處就是它對首期要求甚低,甚至于完全免付首期. 它的受惠人規定爲現役或退伍軍人及他們的家屬。

但是VA貸款中的保證部分是有限制的，通常它只占金額的40%至50%． 貸款額越大，保證部分的百分比越低． 另外它對付點數也有限制． 不象其它類型貸款，借貸人可以付多些點數來降低利率。

更麻煩的還是申請手續． FHA和VA如同任何牽涉到政府部門審批的項目一樣，所需的文字工作繁雜瑣碎、費時費力。 這使很多賣主不耐煩,甚至不願將房子賣給有意申請這類型貸款的買主.

•各州的特別項目:

除聯邦外， 各州政府也有不同的項目幫助低收入、或是首次購屋者申請到比較優惠的貸款． 你如果有興趣,可以到公共圖書館或當地房屋局查詢． 如果不怕麻煩,不妨試試看是否可以充分利用政府的幫助． 好處不少,也是一種很聰明的做法。

•賣方貸款 (Seller Financing):

有的賣主也可以提供部分貸款,以幫助買主成功購置其房屋,尤其是當利率高時買方無力申請到足夠的貸款,賣方便可代買方出一部分錢,也許是貸款中一部份，也可能是過户費用． 買方則需每月多付一部分給賣方償還。

　　　　這種安排往往是短期過渡性的, 如兩三年左右. 到了規定時限, 買方則需將全部借賣方的錢還清.

　　　　如果買方深信自己的困難只是暫時性的, 在兩三年中會有重大改善, 當規定時間到時完全可以還清買方貸款, 那麼這也是一種可取的方案.

　　　　但是萬一買方不能按時付完給賣方, 問題就大了. 賣方如果不願繼續延長貸款期, 則可按照契約條文收回房子. 買方必須另外設法借一筆錢來支付, 否則也只好將房屋盡快出售, 以免被賣主或銀行沒收拍賣.

　　　　在商業樓 (及帶店位的住宅樓) 交易中, 這種貸款方式較多見. 買賣雙方均希望出租部分的收入可以夠支付賣方的貸款. 當然買方必須有把握租出一定的單位、 拿到穩定的收入, 才可能盡量降低風險性.

　　　　上面對各類常見的貸款方式的簡介, 使你初步了解其中道理和長短處. 你仍需要在實際申請貸款的過程中進一步深入研究比較, 才可以做出明智的選擇.

　　　　既然你已經對貸款的內容有了一番認識, 就可以從容不迫地去接洽貸款商了. 下面讓我們來看看如何進行貸款手續.

二、申請貸款手續程序

1、二類市場準則及其影響

　　　　在本書中, 為了方便起見, 將貸款機構簡稱為銀行或貸款商. 其實做這行生意的機構、人員是相當名目繁多的. 我們不妨在此先認識他們一下.

　　　　商業銀行 (commercial banks) 是最傳統的放貸機構, 其它類銀行如儲蓄銀行 (savings banks)、 儲蓄信貸協會 (savings and loans associations) 及信用合作社 (credit unions) 也都發行貸款.

在市場上, 還有作爲中間商的貸款公司 (mortgage comganies) 及獨立操作的經紀人 (mortgage brokers, 包括不少地産商也身兼貸款經紀), 都在互相競爭。

銀行吸收人們存款, 轉手放貸給借款人以賺取差額利息, 有的貸款機構則是發放貸款後將其轉手賣到二類市場 (secondany mortgage market) 上, 以牟取差額利潤。

所謂二類市場是由各種投資基金集團、基金會等機構以及私人組成的。 其中最大規模的二家分別是半官方性質 (聯邦支持) 的聯邦國家貸款協會 (簡稱房利美 Fannie Mae) 和聯邦家庭貸款公司 (簡稱福來地美Freddie Mae)。 它們將各私家貸款匯集成大股購入, 爲最大買家。 其它還有許多龐大的退休基金會、 保險基金等專做長期低風險、 穩定利潤投資的機構, 形成二類市場的重要組成部分。 如今連普通的銀行也紛紛將貸款拿到二類市場去轉賣獲取近利。

但是, 二類市場對于買進什麼樣的貸款要求很嚴。 它們不希望收購風險大、問題多的貸款, 這里的關鍵是保守穩健之投資作風。 漸漸的, 二類市場便形成了一整套審核發行規範 (underwriting guidelines), 而任何人想轉賣貸款給它們也都必須采用這套規範來衡量借貸申請人的條件。 如果不符合這些條件, 銀行很難再轉手出售, 所以便會拒絕申請。

這種局面形成的後果不僅是銀行要求復雜化、 苛刻化, 而且手續多、文件繁雜 (因爲轉手到二類市場時銀行就必須靠展示這些文件), 從而延長了批準貸款所花的時間。 一般情況下, 從開始申請到正式拿到貸款批準書, 花上兩三個月不足奇。如果過程中有文件不齊、手續延誤等麻煩, 更長時間都有可能。 你必須有心理準備, 不怕麻煩, 努力盡快辦妥每一所需文件, 才是真正解決問題的辦法。

話說至此, 既然所有的銀行、 貸款機構都按二類市場的標準來發放貸款, 這是否意味着隨便找一家都是一樣的辦事呢? 絶對不是的! 盡管手續大同小异, 須知"小小" 差別也會造成成千上萬的金額之差! 還有, 我們都知道條文是死的, 人才是活的, 有的人辦事死板, 有的人則肯變通。 畢竟具體辦事負責人是決定成敗的關鍵。 他肯爲你出力, 總會有途徑。

如上所述, 金融市場瞬息萬變, 各家銀行利率不會刻板一致, 具體政策總有不盡相同之處。 其手續費用亦有偏差。 再加上還有點數因素, 你比較幾家便會看出分曉。 貸款是長期性的, 隨便差一點長久就是大數! 在此階段, 反復比較、仔細驗算是很關鍵的。

2. 點數 (points)

所謂點數 (Points / origination fees) 簡單來說, 就是銀行及貸款商在發放貸款時對借貸人先行征收的費用, 即利潤的一部分。 這是以貸款總額的百分點來計算的。 百分之一爲一個點, 十萬元便是一千。 如果征收兩個點, 借二十萬元就要先付四千元, 如此類推。

這個費用并不相同于申請手續費 (application fee), 那只是銀行收取不能退還的、用于考慮是否能批準申請的費用而已! 其它還有很多雜費, 銀行都會算到你頭上。 他們是很精明的!

點數制度的出現使這行交易變得復雜而有趣。 他們很會操縱這個把戲: 如果你願多付一兩個點數, 他們會稍許降低利率并告訴你很劃算; 如果你不願付點數或少付, 他們就算高些利率, 利潤從這里面的差額中又出來了。 總之, 他們要吃定你。 當然, 如同其它交易一樣, 這些是可以討價還價的。

對于申請人來說, 要不要付點數、付多少有很大影響。 由于聯邦稅法規定, 點數可算爲申請貸款額利息的一部分, 因此可以從借貸人的聯邦收入稅中扣回 (但有一定限制, 以不超過當地一般慣例的最高點爲準)。 有的人報稅高, 多付點數在省稅方面有利, 同時也降低了長期性的利率 (但從這一點上來說省稅的好處又降下來了)。 有的人想盡量避免一次付出太多錢, 而寧願利率高些慢慢支付。 你應根據自己的實際情況來考慮。 如省稅并不是你的主要考慮, 又拿得出多幾千元, 如果利率降幅滿意, 多付一兩點當然是劃算的。 但是一定要算明其中的好處, 如果好處不大, 就不必傻呼呼地多付別人的利潤!

應該叫貸款經紀幫你就幾種選擇用電腦計算、打印出來, 比較一下少付或多付的長短處。主要看如果多付會省多少。同時也應找會計師探討一下在利息部分省稅的因素。例如在有的情況下，多付點數雖然在頭一年可以省很多稅，但由于利率降下來了，長遠來算是否省稅方面不能獲得最大益處呢？這些方面的考慮要根據每人的財務、稅務狀況來分析。花些時間仔細研究，也許你得出的結論會與你最初的設想大不相同。

另外，要小心看銀行、貸款商的廣告。很多廣告上標榜"無點數貸款"(No-Point Mortgage)，没錯，但利率如何？是否高出行情很多？如果同時又宣稱特別低的利率 (Low-rate)，你需要問清楚二者是否相聯。無點數又低利率，銀行怎麼賺錢？很可能他們會說：
　　　"噢，無點數的利率就不可以靠這個數算了……"。要弄明白才可鑒別有無誤導性。

還有一個情況：銀行在審批申請時也看對象行事。如果他們覺得申請人在職業、收入、信用及開支方面有風險，他們也許會爲了減低風險可能造成的損失，而算高些點數。如果申請人條件非常理想 (將來轉賣他的貸款毫無問題)，他們也許會同意降低點數要求 (利潤部分稍低些) 以爭取拉到這個客户。

總之，點數將申請程序復雜化了，但也使申請人有迴旋的另一番小天地。記住，這些都是可以貸比三家、討價還價的。如果他們開價兩個點，你可以還價説一個點，最終可能在 1.5 左右成交，或更低些如 1.25 都有可能。

對了，點數不一定要按整數算，可以用小數或分數計，如2.75或1.25點等等，讓你在談判時折沖調節。

由于點數與利率的關系 (付點數越高，利率越低)，所以國稅局認爲點數實際上是屬于利率的一部分，只不過借貸人事先支付罷了。房屋貸款利率是可以從報稅中扣除的，這是傳統上注重居者有其屋的美國政府鼓勵民衆購屋的一重要措施。

但國稅局對點數也并非無限制。一般來説，抵稅應有幾個條件:只有買主的主要居住屋 (primery house) 支付的點數可以抵稅。第二房屋 (secondary house)如渡假屋，或投資屋之類的所付點數是不合格享受這項優待的。此外，以付點數來降低利率的方法必須是當地通用的方法 (common practice), 而且所付點數不能超過當地平均標準. 如果當地一般標準爲 2點, 而你願付 4點, 則不能全部一次抵稅. 國稅局可能會同意扣除2點, 其余2點則要在貸款全程中逐年按比例漸扣. 這樣一來實際好處也大大降低: 如貸款10萬, 15年期: 每年按2000元的 1/15來扣, 只省回百來元!

所以, 即使你手上有足夠現金, 也不宜過多支付點數. 最好與貸款商或會計師討論這一點再做決定.

3、 選擇銀行及貸款商

在初步了解貸款性質和運作情況後, 你必須親自出馬去找銀行或貸款經紀商面談了. 看看報上的廣告, 找幾家聽上去還不錯的去試試. 如有親友介紹推薦的, 也不妨約個時間去談談.

需要了解、比較些什麼才可以做出最佳選擇? 簡單來説有幾個方面: (1) 利率 (APR); (2) 點數; (3) 首期款要求; (4) 其它費用: 如申請費、信用調查費、鎖定利率費等等. 另外還有一點很重要的考慮, 就是對方工作是否干練、待人態度是否誠懇、工作時間和地點對你是否夠方便等等.

在比較幾家的過程中, 不要忘了叫對方把他們的利率、點數寫下來. 通常他們會用電腦打印出一份支付貸款時間表 (payment schedule), 從開始第一個月起到最後一個月止. 每月付款 (如是固定利率) 數額雖是一模一樣, 本金與利息部分的比例卻逐漸變化 (開始幾年你付的幾乎全是利息, 最後幾年付的幾乎全是本金).

也不要忘記叫他們寫下所有手續費用 (包括點數) 的大略估算, 這樣才好比較. 有的銀行雖然在利率、點數方面顯得比較優惠, 但其它手續費則偏貴. 有的對首期要求高, 或是對申請人就業歷史、信用紀錄及存款數額方面要求很嚴. 除了這些方面的比較, 你也需要看看自己是否喜歡與對方打交道, 感覺上對不對頭. 大家如果都能靈活變通、配合得好, 就有助於促使手續順利完成. 如果勉强合作, 可能會導致不愉快的經驗, 甚至造成不成功的結果. 記住: 你給他們帶來生意, 他們理應爲你提供滿意的服務才對.

　　在詢問時, 不妨給他們提供幾個假設選擇, 讓他們爲你分析和解答不同的效果。例如, 首期放 10%或是20%, 付一個或兩個點, 十五年或三十年等等。各種方式有利有弊, 他們應根據你的情況爲你具體分析以供你參考。 而你自己則可以依據自己已經了解的知識對他們的解答也做一番評估。 在比較幾家的過程中, 你一定可以發現誰分析解答得更貼切一些。

　　順便也可以了解一下: 類似你的情況他們做得多不多? 成功比率多少? 何時可以完成初步調查、拿到貸款承諾書 (Loan Commitment)? 何時可以鎖定利率 (lock-in), 有效期多長 (通常爲60天,有的是90天), 是否需額外付費? 等等。

　　關於手續方面, 他們也應列出每一重要步驟。 同時要求你提供些什麼文件也寫下, 好讓你做好充分準備。

　　至於服務品質, 除了看他們誰更具備豐富經驗、知識, 更了解市場走向, 更善於解釋分析外, 還需要比較看誰更認真聽取你的要求, 設法爲你安排解決困難的措施, 令你放心和感到親切。 很多情況下你會發現優點常常集中在一個最令你感到信任的人身上。 也許那就是你應該選的人。 當然, 他提供的條件要合你的意是最重要的因素。

　　另外, 假如你有理由相信自己在申請貸款過程中受到不公正的待遇, 不論是由於種族原因還是其它 "非主流" 的歧視, 不要忍氣吞聲,讓對方滑過。 找當地政府機構中有關部門投訴, 如消費者協會、消費管理局 (Better Business Bureau)、州管銀行事務的委員會 (State Banking Committee) 以及主管房屋事務的部門等等。 有時你不單單會贏回應受到的尊敬, 而且還會意外得到很劃算的交易: 被投訴一方爲了息事寧人, 或是怕吃官司影響名聲, 會主動提供特別優惠的交易以換取投訴人撤回投訴。在美國這類事常常發生, 爲什麼我們要放弃自己的尊嚴和權利?

　　當你找好了銀行或貸款商後, 正式的申請手續就開始了。

4、收入與信用調查

在你正式開始申請貸款時, 銀行首先要做關于你(及配偶)的收入和信用調查. 其目的是了解兩個問題: 你是否有能力按時償付貸款; 以及你是否有意願這樣做.

換而言之, 銀行要考慮對你投下的資金是否可以順利如期的回收, 而不會因爲你的財務能力不足而無力償付, 也不會因爲你缺乏責任感而拖欠甚至于毀約弃屋! 房屋貸款是屬一種抵押貸款, 你不付時他們有權沒收房屋以拍賣方式來收回成本. 他們當然不願冒險讓事情發生到那個地步(拍賣的結果誰也預料不準)! 另外, 借款人的責任感還體現在對房屋的維護保值上. 銀行貸款也是根據房屋的現有價值來做依據的, 如果借貸人把房屋弄得一塌糊涂, 到頭來不要了, 就是拿去拍賣也難拿回當初的價值. 所以, 房屋貸款也帶有不少信用貸款的意味. 簡單來說, 就是他們相信你, 把錢借給你去買下房子. 你有責任去維護它, 在規定的期限內還錢給他們, 他們就能賺到利潤.

因爲如此, 銀行必須對你的收入和信用仔細調查, 以確認風險很低. 在調查過程中, 你也許會感到很不舒服. 但也要理解, 他們這樣做也是合乎情理的. 畢竟是一大筆錢押在你身上!

調查收入時, 銀行需要查證你的就業情況、家庭收入與開支部分比例, 看你是否在除掉所有生活必需費用後, 仍有能力支付貸款以及地稅、保險和其它用于房屋的開銷. 如本書開頭部分所說的, 以上關于房屋的開銷總和不應超過家庭收入(指可查證的稅前數額)的25%左右, 最多30％. 如夫婦收入共爲八萬年薪, 每月爲6666元, 房屋開支不可超過1666元至1999元之譜(各地區、各銀行可能有松緊區別). 當然這個估計是粗略、平均化的. 他們還要看你其它方面情況, 如家庭人口、歲數、就業性質和歷史、負債等等. 如果你屬于較理想的一類, 收入開支穩定、信用良好、 而且處于加薪前途良好的年齡, 他們對你的要求可能會松些, 包括對首期的要求靈活些, 可多可少等等. 反之則可能較嚴, 可能會要求你多下首期, 或是勸你申請30年期以減輕月供等等.

在調查開始時, 他們通 常要求你提供最近兩三年的報稅單 (Income Tax

Return) 及 W2 工資報表, 最近幾個月的工資單存根 (paycheck stub), 最近幾個月的銀行帳户報告 (bank statement)、 雇主資料、及工作歷史等等。 從這些文件上他們可以相當清楚地了解到你的財務狀況。有必要的話, 他們會進一步查證細節, 包括聯絡你的雇主, 查看你的銀行存款賬户上資金進出歷史等。 在當今這個資訊社會里, 很少有真正的隱私! 當然, 所有這些活動 都不應該在缺少你正式授權的情況下進行。 所以他們是會叫你事先簽一大堆授權書的 (Authorization to Release Information)。 這一步調查所需的時間不長, 數日功夫即可告成。

信用調查的問題就比較復雜些。 美國可稱是一個信用體制社會, 缺少信用很多事都難辦成。 而購買房屋正是一般人運用信用的最大機會。 售用狀況好即是順利的通道, 不好則隱患重重, 麻煩多多!

在美國, 每個人的信用紀錄都是通過工卡號碼 (社會安全卡 Social Security Number) 查到的。 可以説, 只要你是合法居留在美國、 具有工卡, 人家就可以查到你的信用紀錄, 除非你真的沒有財務方面活動。 一般來説, 當你申請信用卡時, 你的信用紀錄就正式建立了。 每次你申請分期付款購買大宗件物 (如汽車、昂貴電器、珠寶、家具等) 時, 賣方就要仔細查看你是否有過賴賬、遲付等等。 如有這類情況, 對方是會詳盡報告給信用紀錄公司備案的。 當你按時付完所借的款, 對方亦會報告, 讓你建立良好的信用。

所謂信用紀錄報告公司 (credit reprting agency), 各地均有數間。 翻開黄頁電話簿便可找到。 而業務涵蓋全美的主要有三家。 他們的系統龐大, 裏括巨細。 等你有機會要到一份你的紀錄時, 你也許會嚇一跳! 你曾經用過 (甚至從來沒真正用過的) 所有的信用卡、商店購物卡等紀錄, 拖欠電話費、煤氣費、電費以及其它紀錄一一在案, 包括金額、日期等等, 也包括你幾年内住過、申報過的地址等等。 當然也列出你所有的銀行賬户。 這里面不僅僅是一個人的付款信用, 就連他的財務開支、購物習慣都可體現出來!

不例外的, 銀行也會向他們索取你的信用資料來分析你的信用風險。 根據聯邦法規, 你必須也會收到同樣報告的一分副本。

仔細查閲這份報告! 如果你認爲其中有錯誤出入之處, 或是有爭議 (dispute)

的地方, 你有權提出申辯, 或要求進一步證實. 只要在收到報告後三十天內出具書面要求, 信用紀錄公司將會按照規定, 免費爲你寄來詳盡的資料報告, 供你進一步核實.

常出錯誤的地方包括名字、賬號、日期等等. 由于電腦也是由人操作的, 不可避免的會有粗心失誤之處. 有時操作員擺烏龍, 誤將別人的資料弄進你的檔案里! 這種情況最可能發生在工卡號碼錄入時弄錯了.

有爭議的地方多數發生在對方不公正地報告你認爲不該付的賬, 包括拒付不合格商品、不合理利息及手續費等等. 糟糕的是他們告了你, 你還不知道! 信用公司并無責任爲你調查對方是否誣報, 但會爲你提供報告的內容, 作爲你的爭辯依據.

正由于信用系統的復雜性, 爲了爭取主動, 你最好事先弄一份自己的信用紀錄報告, 以便知道自己有無不妥紀錄, 做好必要的改正或解釋的準備. 有幾種途徑可供選擇: 你可以直接與主要的信用公司聯系, 很快地取得報告. 他們的這種服務是收取費用的. 但不高, 幾元至十幾元而已. 也可以委托當地一家專門替人家調查信用紀錄的公司代你弄一份報告, 收費在幾十元上下. 這種公司可以代你做更全面化的報告 (其實也主要是根據那幾家大公司的報告而成). 此外, 你的貸款經紀人也可以代你獲取報告. 他們的途徑是相同的, 但可以省你的時間. 很多貸款商可以爲人做免費的調查, 條件是你必須選定他申請貸款.

萬一你的信用紀錄上有亮紅燈處, 你必須小心準備應付. 如果只是有幾次延誤付款 (但最終補夠了), 你可以用一些令人信服的理由來解釋: 如外出旅行, 錯過付款時間; 郵件遺失; 或是偶爾粗心忘記了等等. 偶然性的延遲是凡人皆有的現象, 不足爲過. 千萬不要出現一種規律性現象! 經常性的延遲會使人覺得你對自己的責任掉以輕心; 或是懷疑你的開支無計, 常出現入不敷出的窘困局面. 審查者自然會擔心你按時付賬的可能性有多大了.

更嚴重的是欠賬拒付. 你必須有書面解釋以及文件證明你是有正當理由的. 如與房東有糾紛, 最好有法庭官司紀錄以證明拒付理由是房東失責, 不公待遇等等. 其它如拒付帶欺騙性的商品、服務等等, 也要有正式文件證明. 如向消費局提出的投訴書及處理結果等。

最糟糕的紀錄是宣布破產. 這最容易被看成是逃避責任的做法. 令銀行害怕借款人將來在發生困難時故技重施、毀約弃屋. 當然這也不是絕對無希望的. 現在很多銀行也願意認真考慮曾經宣布破產者的申請, 但申請人在最近幾年內必須有較好的紀錄以及有說服力的理由解釋自己的信用歷史. 補救的方法總是有的, 但很可能需要專業人士的服務。

不管什麼問題, 如果你認爲光憑自己去做實在難以解決的話, 有些 "信用重建公司" (credit restoration company) 可以幫你與債主重新談判. 很多情況下他們可以說服雙方達成折中的協議, 由欠方付一部分了結債務. 債主再通知信用紀錄公司消除不良紀錄 (其實是附列一項解決紀錄). 當然這種服務是收費的. 在不得已的情形下, 花少量的費用解決大問題也是值得的。

** 值得特別指出的是, 華人常常發生無足夠信用資料的問題. 如果你總是用現金支付購物, 從不利用分期付款; 信用卡賬單也是小額并每月付清, 信用紀錄自然簡單清白. 不負債是好的, 但是當銀行想知道你是否在大額貸款申請到後會不會按時支付却是無從判斷!

所以財務專家們建議, 每個人都應至少有一兩次分期付款購物的經歷, 或是分期定額支付一段時間的信用卡賬單. 這樣做雖然多付了些利息, 卻以此建立了有案可查的信用紀錄. 到了真正需要借款時, 會很有幫助, 是個相當好的辦法. 事實上, 當你初起念頭要買房子時, 如果擔心自己信用紀錄太 "清白", 就不妨照此法一試。

至于身帶相當資金、剛由海外移民來美的人士, 信用紀錄當然是白紙一張. 如果需要貸款購屋, 便要準備回答詳盡的有關自己財產來源的問題, 并出示各種有說服力的證明文件. 找信用良好、有相當經濟基礎或正職、 生意及房產的親友共同擔保也是一種行得通的辦法. 盡體做法貸款商應會有指點。

5、 其它關于財務的問題:

如果申請人職業穩定、收入逐年增長、家庭開支正常、又擁有一定的動產(如汽車),但手頭暫時拮據, 一下拿不出足夠的現金來支付首期及過戶費用的話,亦有方法應急。銀行方面, 爲了拉住這個 "低風險" 客戶, 通常也較易通融些。只要拿出證據顯示你可以有親友資助,他們也就不太會進行苛嚴的調查。資助人最好爲直系親人, 如父母、兄弟姐妹等, 其次爲叔伯姨舅之類, 表親則較爲令人生疑。不過也是可以説得過去的。申請人需要提供資助人姓名以及擔保信,并出示存款進入自己賬户的證據。 這里面很大程度上只是文件手續工作 (paper work),能滿足銀行運作手續上的要求就過得去了。關鍵還是銀行對申請人是否符合條件的考慮。

相反的, 如果申請人職業不穩、收入上下浮動大、又無規律性。 報税方面與存款方面有令人生疑之處 (如報税收入很低、銀行存款卻增長很快), 即使一下可以拿出相當多現金,也不容易順利地拿到銀行的貸款批準。他們會擔心申請人的錢是借來的。 凡是借錢當然要償還 (有的還可能是高利貸!), 一旦買了房,能負擔得起兩筆借款嗎?

如果遇到上述情況, 你需要準備盡可能充分的財務資料證明自己的財務。如果是做生意的, 找自己的會計師商量一下出具哪些有説服力的證明。心理上要準備解釋各種可能被銀行質疑的問題, 最好先做一番 "家庭功課", 寫下通情合理的解釋, 并記熟來。

至于就業收入方面, 銀行要確認申請人的職業、職務、薪金、就職歷史,以及收入的穩定性。如果你在好幾年内一直從事某項工作, 任職于同一間公司, 收入也是穩步上升, 當然很理想。 如果在近幾年内調換過一兩次或更多些工作, 他們就要分析判斷。 在同一行業或近似行業換公司, 工作性質基本不變, 收入保持相同水準或更高些, 説明申請人僅是 "跳槽" 而已。并且也顯示出你在某行業内還是相當受歡迎的, 不會形成疑問。但若是換來換去做性質不同的工作, 收入呈現上下波動較大, 換工作之間時間相隔有較大縫隙, 則可能表示申請人的就業有危機, 有容易被解雇之虞。

同樣的情形也適用于做生意的。如果你擁有的生意幾年内一直穩定, 哪怕你拿得出的錢稍少些，　也要比那些生意大起大伏、　生意性質換來換去的人更有機會獲得貸款批準. 通常你不單單要提供個人 (家庭) 報稅單,也要提供你生意上的報稅紀錄 (包括自己的合伙人、公司).　完全屬個人性質的收入則是在聯邦所得稅中顯示出來的.　除報稅紀錄外, 你也會被要求提供一份詳細的盈虧明細說明書, 以及生意賬號來往結算單之類讓銀行查閱. 在這些文件中, 穩定性收入比顯示利潤如何可觀更爲重要.　一切要顯得合理.　保守穩重些比較容易使人產生信賴.　在處理這些問題時，如遇疑難，最好有專業財務人士協助準備.

如果你買的是多家庭或是帶店鋪的房子,而且計劃出租其中部分, 租金部分可算成你的收入. 但要知道銀行通常不會完全接受你的書面估價.　他們的估價要保守得多, 會減除維修保養開支, 以及預計不能完全出租時的損失 (參看前面有關章節). 不管怎樣, 你必須充分準備提供租約文件, 或是現有租客付租紀錄 (賣方會提供) 等等, 以供銀行查核.

6、過戶費用估算與房屋估值

在你初次與貸款商會談時,他根據你闡述的情況，算出你的家庭收入/開支比率. 很容易地就可以看出, 你想申請的數額是否超過他們認爲你能承受的限度. 這是相當容易的計算.　前面已經說到這一點.　根據你的要求 (貸款額占房價的百分比、年期、固定或浮動), 他可以很快地告訴你是否合乎條件.　談妥點數後,如果你滿意,申請就可以馬上進行了.

當你按照他們的要求帶來主要證明文件後，　你便可以在貸款申請書上簽名了. 同時你會被要求簽一大堆表格, 包括授權調查收入信用等, 通常也需要預付一些申請方面的費用.

在提出正式申請的三天之內，銀行會按法規及時給你一份書面的過戶費用估算表.　這份文件是按每一筆開支分列的, 按照房價與貸款數額、手續費用計算. 因爲申請尚在初步階段, 銀行不可能非常精確地預計每筆開支, 只能以常規和經驗來估算. 但大致上這個估算是很接近實際數目的.　如沒有特殊情況, 一般過戶費用相當於整個貸款額的 3% 至 6%.　7% 以上的就屬太偏高. 法律上并沒有規定銀行能收多少費, 但卻規定他們必須事先盡可能精確地讓申請人了解所有的費用名目與數額。 如果你認爲費用太欠公道, 你仍可以停止你的申請, 轉向其它更爲合理的銀行的。

一旦申請開始, 銀行便會雇請專業房産值評估員去做一次房屋巡視估值。他們并不以你付的價錢來做爲決定房屋的真正價值的。 其實, 他們也無所謂你願付多少錢來買這個房子, 而只關心它是否值到他們發放的貸款額而已。

房産評估主要是在某一地區對比其它類似房産價值, 來決定某一所房屋的市場價值。 當然房屋本身的狀況也有影響。

大多數情況下, 估值結果與買主討價是相差不多的。 這就沒有什麼問題。如果銀行得到的估值報告表明其價值高于你付的價錢當然再好不過。 這不單單説明你撿到便宜了, 更意味着萬一拿去拍賣也容易收回銀行的本錢, 風險減低了。這樣的話, 銀行當然就比較容易批準。 但萬一其估值遠低于付價, 問題就出來了。

你要買的房子不值你要付的價錢, 當然是不劃算了。 銀行卻更擔心放出的貸款押在物不所值的産業上, 帶來太大風險。 同時拿去二類市場上也難轉手這筆生意。 所以, 他們很可能是不會同意按照你的意願來貸款給你。 作爲變通之計, 他們可能會采取幾種辦法:

1) 按估值重新調整貸款總額。 舉例來説, 你付的是十八萬房價, 拿出三萬六千元作爲 20%首期, 申請十四萬四千元80%貸款, 現在銀行的估值報告中説這房子只值十六萬。 他們就只願借十六萬的 80%, 即十二萬八千元。 如果你堅持要付20%首期, 就只好再籌一萬六千元, 或是與賣主再談判降低價格 (到這時已經是非常困難了, 除非合約中允許這一點)。

2) 他們提議: "我們可以借給你十四萬四千元, 但這就不是80%貸款, 而是算成90%了。 " 換言之, 他們認爲你 "首期" 中的二萬元 (36000 減去 16000) 只不過是多付賣方而已。 這更意味着你必須購買私貸款保險 (一種專保少于20%首期貸款的保險計劃, 是銀行規定借貸人買的), 直到你還夠本金的20%至25%爲止, 或是房産價值上升 20%以上 (見後面有關章節)。

出現這種情況是很棘手被動的。 當然這種機會是很低的。 如果你在出價過程中認真談判, 應該是不會出現這樣的問題的。

評價員也會認真查看房屋本身, 但側重點與你雇請的驗屋師有所不同。 如發現有帶危害性物質存在, 銀行便不會同意貸款, 除非這些物質先加以清除并出具正式報告。 如發現有違規附加建築部分、 與鄰舍交界地段有潛在糾葛因素等等, 銀行也會要求得到妥善處理後才批準貸款。

總之, 銀行較關心的是房屋是否完全符合當地建築、安全規定。確認投資的產業沒有這些方面的麻煩。

你也有權過目估值報告。

此外, 還有產權調查與保險, 也是銀行要同時進行的項目。 在前面律師一節里已提到, 律師在與你簽了合約後, 便會立即請人進行產權調查的。 銀行也會獲取一份房產占地圖, 查核購屋合約中描述的是否與政府注冊批準的一致。 至于產權保險, 是用于確保買主權益的, 最好要買。銀行也會買他們那部分的保險。 買這種保險, 你要準備付出貸款總數的1.5 至2 %左右。

7、 貸款批準承諾書 (Loan Commitment)

當你提供了所有所需文件後, 剩下的事大概就是坐等結果了。 當然你的心里會相當焦急, 生怕有什麼差錯致使貸款被拒, 或是拖延導致不能在預定的日期過戶。 但是你卻不能做些什麼來加快進程。 追問貸款商, 他也只能安慰你, 說這種事是需要時間的, 只有耐心等待。 他的話沒錯。 所以, 最好的辦法就是什麼也不要去想, 照常過你的日子。

如一切順利, 收入、 信用、 估值都使銀行滿意後, 你會在三四個星期內收到一份 "貸款批準承諾書", 通知你申請已被批準。你的貸款總額、利率、年期、點數、月供數額、基本過戶費用都一一列在上面供你查閱。

你會大大松了一口氣, 感到寬心了: 現在一切總算大功告成了!

別大意! 也許還有問題的!

要仔細閱讀, 如有任何不明之處, 要馬上與貸款商或銀行本身業務員聯絡問清楚。

看看這份通知上是否有列出一些條件要你進一步去滿足的。 例如提供更多或最新的就業收入資料, 或是房子本身所缺少的某項文件證明等等。 要是銀行查到房子有某些違規部分, 他們會要求盡快妥善解決。

你必須知道, 這份通知實際上只是一種初步的承諾罷了。 是否真正有效, 還得看你能不能在規定日期內滿足它開列的條件。 所以, 從事這行業的人都知道這種承諾基本上是沒有什麼約束力的。 有條件的承諾等於沒有承諾! 一切還得看你的努力。

接到這封通知後, 你必須加緊辦理所有規定事項. 如果有的超出你所能應付的能力之外, 或是感到把握不大, 也許只好請有關於業人士代辦。 時間很寶貴, 必須盡力在最短時間內辦妥這一切, 爭取不誤過戶日期。

如果不能在規定時間內辦妥, 不單承諾書真的變成一紙空文, 你還必須申請延長時間。 也影響到過戶的安排。 在利率波動頻繁的時期, 這種拖延無異是一種精神上的折磨。 很重要的一點是保持信心與樂觀。 沒有什麼過去的難關, 僅僅是一兩步之遙了。 努力再努力!

一旦你呈交所有規定的文件, 完全滿足了承諾書上的條件, 銀行會很快 (通常在一星期內) 通知你, 你的貸款申請被正式批準了!

貸款這一大步才算走完。 剩下的只是過戶一程了。

8、萬一申請被拒怎麼辦?

絕大多數情形下, 只要你的條件符合收入/開支/債務比例、文件齊備、信用過得去, 銀行都會批準你的貸款申請。 假如明顯有問題, 貸款商或銀行業務員在你剛開始申請時就會告訴你了。

　　如果萬一真的被拒絕, 先不要急, 看看是什麼原因. 相當多的情況是相對不要緊的小事, 如文件不對等等. 只要重新按照銀行的要求準備好便可過關.

　　但是, 如果你感到受拒原因是不公平的, 則可以而且應當采取行動投訴, 積極爭取你的正當權益.

　　聯邦政府制訂了一套叫公平信用機會法案 (Equal Credit Opportunity Act 即 ECOA), 規定任何貸款機構不得以性別、婚姻狀況、年齡、種族、宗教信仰以及國籍來源爲由拒絕貸款人的申請. 你如果相信自己被拒的原因是其中任何一項, 就要勇敢地站出來去投訴或控告他們. 可以跟有關專業律師聯絡, 只要你的理由有根據, 自然有律師肯爲你申張不平. 這種案子往往對告方有利(最好在正式付諸法律行動前通知一下銀行, 他們很可能會爲了避免麻煩而願意與你妥協和解).

　　如果暫時不請律師, 也可以向州政府的銀行事務部 (Banking Department)、聯邦儲備委員會 (Federal Reserve Board)、 貨幣管理局 (Comptroller of Currency)、聯邦房屋貸款銀行理事會 (Federal Home Loan Bank Board)、 國家信用管理處 (National Credit Administration)、 聯邦貿易委員會 (Federal Trade Commission) 等機構投訴, 它們都在某一方面有權調查管理這類事. 或是向本地銀行事務局及消費者協會索取行動指南.

　　總之, 想向贏回公平待遇, 一定要挺身而出積極行動. 總會得到善意回音及實際結果的. 在很多情況下, 投訴人會得到對方及時而意想不到的妥協, 甚至更好的待遇.

　　英文里有一句名言: "吱吱叫的車輪才得加油 (Squicky wheels get grease.)". 可謂金玉良言. 在這種重實利而又講法制的社會, 沉默可不是金!

第九章　過戶手續

> **本章重點:**　　**過戶前的準備**·　**應付突如其來的變化**·
> **最後巡視**·　**過戶時簽署的各種文件**

一、過戶前的準備

當你的貸款獲得批準以後, 離正式做屋主就只是一步之遙: 過户 (closing / settlement)。　這可不一定是水到渠成那麼自然而然的事: 如同前面你所經歷的任何一個階段一樣, 仍是充滿着變數。　需要你的積極努力, 以及對方的配合, 才可以順利完成這最後的一步!

說來也難相信, 到了這一步, 還是會出現差錯, 以致于不少的交易在這一階段破裂失敗。　一般來説, 你的文件已經齊備, 如果不出現緊急情況, 有足夠的錢來支付全部預算的費用, 你這一方面就不會有什麼問題。　怕就怕在對方忽然出現麻煩。　例如銀行、律師忽然發現某件重要文件并不象原先對方保證的一樣合法、合要求, 或是對方根本拿不出那項文件。　也有可能由于種種原因, 對方不願如期過户而找借口搪塞。這些都是無法事先預料的問題, 會令人非常懊惱!

你爲了趕在預定日期過户, 辦好了貸款申請, 鎖定了利息。　這些都是有時間限定的。　過了期無效要申請延期, 拖太久還得從頭來過再申請!　而且利率隨着金融市場上下波動, 瞬息萬變。　一旦鎖率期限 (一般爲60天,也有少數爲90天有效)接近, 是會令人難以入眠的。

但願沒有這些惱人的問題出現。　假如真的出現, 也只有通過律師積極交涉, 爭取早日解決。萬一無法交涉成功, 就只好付諸法律行動, 要求對方賠償損失。至于成功程度如何, 還要看具體情況而定, 例如合約的約束力是否涵蓋某一方面等等。

先説了令人不愉快局面的可能性以提高你的警覺, 再來看看順利的局面應該怎麼應付。 畢竟絶大多數的交易到了這一步都是進入了順境的。

簡單來説, 過户是指房屋産權在一次正式的會議中, 由賣方移交到買方的過程。 在這個正式的會議上, 買賣雙方及律師, 銀行方面的業務代表及律師 (或是代理人), 有時地産經紀皆要到場出席。 當會議順利結束時, 所有出席者的利益都會被照顧到: 賣方拿到房價款項, 買方拿到産權證及鑰匙 (如果房子已經被搬空的話), 銀行收取所有應付的費用 (包括點數), 貸款商和地産經紀的傭金被支付, 律師也拿到手續費. 還有, 買方也當場獲得貸款合同文件。

要達到這一步, 還得事先完成一系列準備工作。 當然, 有一點你必須知道: 不論準備得多麼周詳, 到時總會有些事會搞得大家頭昏目眩的。 有那麼多文件要過目簽名, 那麼多細賬要計算了結, 那麼多支票要開出, 買方總是會感到緊張與某種程度的無所適從! 幸好是有專業人士在場, 幫你渡過這一關。

在過户前幾個星期, 你就應該和你的律師聯絡。 再次檢查、 確認所有文件齊全無誤, 自己明了所有財務上的安排手續等等。 律師也會與對方律師再確認日期, 并通知銀行進行他們方面的準備工作。 銀行會訂一份産權報告摘要以及地圖、 一份顯示房産不欠政府任何費用的證明, 以及最後確認不欠建築費用、 所有建築批準證件都完備有效等等。 一旦銀行滿意, 過户日期、 地點、 時間就正式定下來了。 如有安排上的冲突, 則需要再做調整。 在這些最後準備過程中, 你應該具體知曉任何不順利之處, 以防延誤。

過户前一個很重要的安排, 就是根據合同所規定的 (也是慣例), 買主有權并應該于過户前 48 至 24 小時内對房屋再做一次巡視 (final inspection or walk-through)。 地産經紀應到場陪同。 目的是再檢查一下房屋是否有破損、 漏水、 設施毛病等等。 以及看看應留下來的物品是否被賣方錯誤地搬走。

記住, 在簽署合約時房屋的狀況已經由雙方確認 (as is)。 你有工程師驗屋報告證明基本房屋部分無恙的。 如果簽約後房屋破損, 賣方是要負責修復或賠償的。

這些都應寫在買賣事約條文中,可以執行 (enforceable)。要及時報告自己的律師。

另外, 如果你尚未基本了解各種設施的使用、保養、當地有關垃圾處理規定, 以及其它一些具體細節的話, 這也是一個好時機請教賣方。

總之, 最後巡視不可忽略。 你不想等到過户以後才發現問題提出來。 那就可能太晚了!

二、 過戶所需費用的精確數額

記得當初你申請貸款時, 銀行三天内就給你列出一份過户費用估計嗎? 那只是憑他們經驗及類似情況所做出的粗略計算罷了。 隨着申請手續的完成, 對房產各方面統計資料的齊備, 現在銀行可以根據你的具體情況做出精確的計算了。 算出來的結果應該與當初的估計相差不大, 按照貸款銀行家協會的統計, 絕大多數的過户費用都在 3%到 6%之間, 屬正常範圍。 如在7%甚至8％以上則屬太偏高。

正式的費用計算是列在 HUD-1表格上的。 這是聯邦房屋部統印制的過户費用明細表, 買方是會得到一份的。 請參閱附表。

在這份表格上部, 列出買賣雙方姓名、貸款機構、房產地址、銀行過户法定代表、以及過户日期。 還有買方 (借貸人) 要付的費用。 賣方的售價及需要調整的小額費用 (税、水電費等)。

買方需付給貸款機構 (銀行) 的費用包括點數、估值費、信用調查費、貸款保險申請費。 另外還有買方需預先支付的當月余下日數的利息 (例如過户在5月25日舉行, 從5月25日到31日的利息要先付。 正式的月供應該在7月1日才開始, 因爲7月份銀行才收6月份的月供)。 銀行還會代收一年的房屋保險費, 以及預收自然災害保險、貸款保險 (如首期在20%以下)、 州和地方税等等。

除了這些, 產權調查、 產權保險、文件準備費、 銀行律師費、 紀錄費等等一一列出由買方支付。 最後一欄是留着用于任何必要的雜費的, 如郵寄快件等等。

總之，樣樣都要算在買方身上.

在買賣雙方的小額費用調整方面, 采用"多退少補"方法.　如果賣方已預付多過應交的地稅、水費之類，買方也應在過戶時退還賣方. 如果賣方沒有付夠應付的費用, 則應補給買方.

計算這些費用是很花時間、精力的.　好在大多數的計算已在過戶前基本完成, 過戶時只需做些小額調整便可. 所有的費用都由你的律師一一核準.

至于付款方式, 通常大筆款項均要以銀行支票、本票進行交易.　律師會具體指示如何辦理. 一般小額可以用現金支付, 支票也是通常使用的, 但必須事先由律師約定同意才行.

三、過戶時簽署的主要文件

在過戶時, 買賣雙方都要簽很多文件. 除非你從事些特別行業的工作, 否則你可能從來也未在這麼短時間內簽這麼多文件!　說到時間, 律師很可能告訴你, 過戶手續大約要一個多小時. 但他也很可能附帶一句: "如果不完全順利的話, 也許還會更長一些."　事實上, 很少有完全順利的情況的. 花上三小時以上是常有的事. 所以, 忠告你盡量吃飽了再去. 千萬不要空着肚子去, 肚子餓會使頭更昏!

需要特別留意的文件有以下幾種 (其它文件也并非不重要!):

1、借貸實情通知 (Truth in Lending):

這是聯邦法規定銀行必須提供給借貸人的一份文件,　目的在于讓借貸人對自己貸款的代價有直接了當、清楚易懂的詳盡認識.

這份文件首先列出年度借方實際花費的APR, 代表利率、點數和其它有關費用. 也就是説, 你得花這個 "真正" 的利率去借這筆錢.

其它資料包括借貸總額(不含點數)、利息總額、以及本金、利息部份的總和

(這是個驚人的數目!).

　　　這份文件也明確地告訴你, 何時開始付月供、具體數額多少.　如是采用浮動率, 還會有何時調整利率、使用什麼指數計算、以及有無浮動上限等等.

　　　另外值得注意的是: 其它應付的費用、遲付罰款、有無提前償還貸款的罰款 (如今很少采用).

　　　其它還有關于購買災害保險之類的規定, 以及對是否可以讓你在將來售屋時將貸款余額轉移給新買主的規定.

　　　如無异議, 你需要在過户時簽署這份通知.　如同其它所有文件, 你將會收到一份副件存留.

2.　借方責任通知 The Note

　　　這是有關借方責任的通知.　其中絕大部份内容是重復上述通知的條文.　但這份文件在法律方面效力集中些, 基本意思就是你承認自己償還貸款的責任, 以及認識到如果自己未能充份負責 (例如不付月供), 貸款機構就有權收回貸款.

　　　你只應簽一份正本的 Note, 不可簽任何副本.

3.　貸款協議書 The Mortgage

　　　這是正式的、負有法律效力的貸款協議書.　其中條文也其中上是重復以上兩份文件的内容, 只不過更爲詳盡些.　它的内容不但包括借方的責任, 也列出借方的權利.　比如說, 萬一借方毀約不付月供, 貸方有權追回貸款總額, 可以采取包括没收拍賣房屋的措施.　但同時法律也保障借方的一定基本權利, 允許在非常情況下可以有一些補救的措施.

貸方可采取的措施并不僅限于没收、拍賣房産.   萬一市場不景, 貸方難于拍賣出合理的價格, 他們可以通過控告借方以圖索取借方其它財産來賠償。

借方最基本的權利是: 如果每月按時付供、保養房屋, 使其不致破落失去價值, 貸方是不可以用任何理由來中斷合約、企圖 "收回" 貸款或没收房産的。

注意看有没附加條文 (Riders), 并認真了解其内容。

3、 產權轉移證書 The Deed:

不用説, 這份證書是至關重要的。 它紀錄着賣方將房産正式移交給買方。

要注意的是將正式的姓名列在上面。 當然你與配偶名字列在上面作爲新的業主是没有問題的了。 但是如果你想列入其他名字 (如子女、兄弟姐妹等) 就要復雜些了。 這要在貸方同意下才行。 因爲他們是貸款給你的, 當然要指定由你去負責償還。 任何牽涉到産權于分配的問題都會有法律、財務上的影響。

其它還有不少文件, 關系到買賣交易、借貸業務的其它方面。

最後一步是將貸款協議書、Note、Deed 以及其它必要文件送去當地市政廳去紀錄存檔。

4、 過戶所需材料一覽表:

以下所列的是最主要的過户交易所簽的文件及其它材料:

貸方提供:

1、 RESPA (HUD-1 Form) Statement 聯邦房屋部統一印制的過户費用明細表;

2、 The Truth-in-Lending Disclosure Statement 借貸實情通知;

3、 The Mortgage   貸款正式協議書;

4、 The Note 借方責任通知書;

5、**Escrow Account Documents** 買方需要先付的押金户頭文件;

6、銀行支付給賣方的支票.

•賣方提供:

1、**The Deed** 産權轉移證書;

2、最後一期能源賬單(用於最後小額調整計算);

3、最後一期地稅單(用於最後小額調整計算);

4、任何需要證明産權的文件;

5、任何房管部門規定的批準文件或完工證 (包括安裝烟霧報警裝置、拆除有害物質等等);

6、其它特殊需要的證明文件;

7、鑰匙 (如果當日移交房屋的話。) 這是最容易被遺忘的!

•買方提供:

1、用於支付賣方的銀行支票 (數額包括首期減掉已付訂金的部分, 也許也包括其它數額, 要由律師事先算好);

2、私人支票. 用於支付小額調整部分, 以及貸款機構方面的費用. 現金也只能用於支付小額費用;

3、買方 (夫婦) 的身份證明 **(ID)** 如駕駛執照之類, 要由銀行方面驗明;

4、貸方所要求的保險單及其它必需的文件。

第十章: 怎樣做新屋主

本章重點: 認識自己的責任·　按時付貸款與保險·　財務計算·　稅務方面的考慮·　投資屋與 度假屋·　家庭辦公室·　基本維修與保養

恭喜! 你已經成功地買下了新居, 完成了美國夢的一部分, 擁有了自己的產業和一片天地! 這是人生的一個重要的階段。

開頭的日子是忙碌、興奮和充滿情趣的。　搬入新居後, 你連裝滿雜物的紙箱還沒來得及打開, 就開始盤算着如何將房子改建裝修成自己夢想中的樣子, 增加設施、購買新家具擺設品、將自己的窩弄得舒適而有情調。

不少人都是這樣, 想馬不停蹄地干, 一勞永逸地修整改善新居。這時反而忘記了自己最應該做的一些事! 所以, 停住你的手, 坐下來靜靜地思考一下, 什麼才是最迫切需要干的事。其它的可以等待, 慢慢來。

不要忘了, 從前做租客時是無責任、一身輕的。幾乎一切事情都由其他人負責, 不用自己操心動手。而現在你卻有了幾方面的重大責任: 償付貸款、維修、保養、還有應付地產稅、能源等等相當大的開支。　一旦買了房屋, 長期任務就開始了。要保住它、照顧它、使自己家庭愉快地生活在里面。

再有就是: 把這些也象對待生意一樣, 不做虧本事, 而要盡量使房子保值增值。　大多數人總會又要把房子賣出去的, 所以從開始起就要考慮到這一點。

需要做的事很多, 大多數都是全新的經驗。勸你與配偶一起坐下來做個詳盡周密的計劃, 使心中有數, 才好按部就班地去做。

以下幾個方面尤其要妥善安排、準備好:

一、付月供與保險

首先, 你必須足夠地意識到, 擁有房屋是昂貴的. 不管怎麼樣, 你都必須每月按時支付貸款 (通常連地稅一齊支付). 不能遲付. 如果你是交由銀行自動管理賬號支付當然沒問題. 但是如果是由自己開支票, 就要小心日期! 銀行會定時提前幾個星期就寄來賬單. 賬單上列明了規定支付的日期, 也有一定時間的迴避余地. 通常是在規定日期過後15天內支付都沒有罰款. 但在15天過後銀行就要征收遲付罰款 (數額是寫在賬單上的).

很多人不知道: 銀行在15天後才收罰款, 卻并不意味着你可以總是在規定日期過 12 天後才付. 這是不應該的. 雖然不致被罰, 卻構成了帶規律性的 "遲付" 紀錄. 長期性的 "遲付" 可能會導致將來有不完美的信用紀錄, 影響將來再貸款的申請.

養成嚴格按時付帳的習慣是重要的. 如果平時都是按時, 即使偶然發生幾次遲付也不成大礙. 假如暫時有付賬困難, 應該及時通知銀行, 找出個妥善應付方法以渡過難關.

關於保險方面, 除了及時付保險費 (premium) 以外, 也要隨時注意投保額是否需要調整.

買保險不單單是貸款機構的要求, 也是對自己的財產的一種必要的保障. 當然, 事故是很少發生的, 但還是有可能性. 有了足夠的保額, 睡眠才踏實. 隨着通貨膨脹的上升 (所謂錢變小了), 以及房產價值升高, 投保額當然也要相應增加才對. 一般來說, 如果保額變得不足以賠償起碼 80%的產值的話, 危險性就出現了. 萬一真有災害損失, 你從保險公司那里拿到的補償可能遠遠不及現時真正的損失. 一定要水漲船高, 不時加以重新估值調升. 如有疑惑, 不妨找專業人士請教.

別忘了, 買保險其實就是圖個安心. 高額保險換來徹底放心.

二、其它開支預算

　　自己的房子除了每月付貸款外，還有其它雜七雜八的開銷如水電、煤氣或燃油、保養維修設備、整修草坪之類，再加上必不可免的按時油柒、整修各個出毛病或破損的部位等等。　在做預算時寧可多算些。　特別是第一年，當你還是處在對自己的房子缺乏足夠認識的階段，未雨綢繆是明智的。

　　在第一年內，你根本不知道年度的開銷到底有多大。以前的屋主可能告訴你燃料能源開支很低，甚至拿出賬單給你看。没錯，假不了。問題是你怎麼知道他們的生活方式？　也許他們還有另外的住處，一年內根本就没有來這里住上幾個月！或者是節省得要命，寧願過冬冷夏熱的日子也省不得開大些冷暖氣(有的人冬天在家里穿棉衣!)。　你必須根據自己家庭的生活習慣與需要，　親自經歷起碼一冬一夏才可捉摸出個大致開支情况。

　　更估計不到的是修理費用。你根本不知道何時何物會出毛病。有一點是肯定的: 任何主要系統如能源、水道、房頂、地庫、電路出問題的話，修理是不會便宜的。隨便一下幾千元就不見了!　必須存下一些錢來應付這種突如其來的局面。另外，能夠學一下自己動手維修簡單工作也是非常有幫助的。花幾元錢就可以更換一整套面池濾槽管系統，請人來修卻要花上幾十元以上，甚至上百元!

三、裝修、改善與家具、裝飾品

　　首先，絕對必要的修理一定不能等。　例如安全、節能之類的工程是越快完成越好。特別是結構性整修、電路、水道、樓梯以及徹底清除危害性物質之類，没有妥協暫緩的余地。　瓦頂、雨槽、地庫滲水之類也是盡可能在没形成更大損壞前進行，門窗、保溫層、外壁如果需要更換增設也是不便久等的，因爲弄好了才可以節省能源開支，也住得舒服些。這些都是主要的大開支(major expenses)。爲了安全、節源、增值、舒服，即使手頭緊些也還是不得不咬牙去做。

其它還有裝修升級類的裝修工程，如改造廚房、浴室設備、重隔房間之類，再有就是買成套家具、電器及裝飾用品等等，專家的建議是等上一段時間（最好一年以上）再說。從財政上來說，是讓自己喘一口氣，不要一下負擔過重，伸展太過分。從實用方面看，是讓自己有機會去充分發現房子的功能與長短處。這對于你自己及家人，也是調整本身喜愛厭惡的一個階段。

也許你并不缺錢花。等了很久就是想買了房子之後大花一筆過過癮，拆掉幾堵內牆、加大廳堂面積；裝上全新的地毯或硬木地板、改造所有的浴室與廚房、成套買回最新流行的家具 等等。真使人有大展拳腳的振奮感！

這并不一定明智。急躁冲動可能會導致很多錯誤的決定！

就算錢不成問題，也得考慮到其它後果。萬一拆牆（通常是去掉原有隔開的書房、衣帽間甚至飯廳之類）加大客廳面積，增添了豪華氣派的紅木家具，或意大利現代家具，你卻發現家人并不喜歡呆在客廳里，而寧願擠在家庭起居室內！而你也開始認真地後悔沒有保留原先那個書房，讓自己享受那小小安靜親切的角落。到那時怎麼辦？總不可能又改回去吧？

如果錢是緊張的，那更要保守些了。你也許會後悔當初花太多錢用于基本上是裝飾展覽性質的家具上，以致于缺錢去增設二樓的浴室。現在不得不半夜下樓去如廁！

很多情況下，你可能會變得越來越喜歡當初厭惡之處，真正地發現其功用之特殊及情調之親切。同時也開始越來越意識到某些布局與你們的生活方式冲突，不可容忍而非改不可！那才是有的放矢，卷起袖子大干一場的時候！

如果問題明顯，你的計劃也明確成熟，也不必要勉爲其難地一下鋪開去干。太多的目標很難一下全部實現，反而會導致急躁心煩。分期分步、有把握地去做，或是省下一筆錢再做一件事。邊干邊積累寶貴經驗，越干越精明，效果越好。

裝修改造房屋是一門大學問，隨便去一家雜志攤看看有多少這類書刊就知道屬害了。當你心目中有改造意願時，不妨多瀏覽一下這些書刊，參觀一些展示廳(showroom)，想法會更成熟些。特別是廚房、浴室，你的選擇是無窮盡的。

另外, 想創造一個新面貌也不一定要干大工程.　簡單工程的如換牆紙、油漆、拆換水喉、燈具、瓷磚以及門窗之類, 就可使原來陳舊灰暗的房間變得明亮歡快, 煥然一新。

總之, 原則上是給自己一段緩冲時間, 讓自己有機會去結識你的新居。寧慢勿急, 避免作出錯誤的決定。

四、小心雇請裝修匠

如果必須雇請專業裝修工匠, 要特別小心!　美國有幾個令人生畏的行業,　其內有太多不道德人士惹人恨之切齒。包括舊車行推銷員、修車行技師、以及裝修包工頭之類,　他們爲了多賺錢什麼事都可以做得出!　隨便問一下身邊的朋友、同事, 幾乎人人都有與這些人打交道的不愉快的經歷。

當然, 這些行業內有道德、敬業公道的人士也很多。問題是怎麼去找到他們。一個比較可靠的方法是打聽一下親友,　看他們是否雇用過滿意的裝修工匠, 并且願意推薦。通過報刊也可以找到不少從業歷史長、信譽較可靠的人士。問一下他們是否有施工執照 (特別是電工、管道工), 有無推薦人或參考人 (refenence) 以供聯系, 以便親眼看看他們曾經完成的工程。　另一個保險的做法是, 打個電話去當地消費局查一查, 看看有沒有很多人投訴指控, 解決結果如何。

特別要小心那些自稱能干,　能爲你省錢的 "半把刀" 業余人士, 包括親友推薦的在內。　除非你親眼看過他們工作和效果,　真正了解其爲人和能力, 否則應避免這種不知深淺的交易。　相當多情況下, 經驗不足、把握不夠的人施工會造成錯誤頻出, 一再翻工, 反而費時費錢, 令你大傷腦筋!

在雇請專業人士做工程時, 最好自己花些時間先做功課, 了解工程方案, 所需材料、工序、不同的選擇方案, 以及大致上市場的價格。如果能夠自己控制購買材料, 容易保證施工效果和品質。　不老實的裝修匠爲了獲取最大利潤, 往往會代你買些花哨搶眼、品質不佳的便宜貨, 日子一久問題就來了。　前面已經提到過, 水龍頭的價格就是從幾元到幾百元都有，品質優劣天差地遠！　如果你不去店里認真比較一下，別人代買一個便宜貨來蒙混，　你還真看不出來！

　　總之，自己認真地參與工程的每一步，多問多商量，不做原則上的妥協，才是保證工程質量的辦法。別人對你也會尊重些，不敢隨意糊弄你。

　　不可聽信他們信誓旦旦、隨便打包票，而迴避了正式程序。從一開始就按行規常理辦事，不但可以避免麻煩，就是萬一將來有麻煩也容易解決些。

　　•以下幾步供參考：

　　1、立下書面合同。具體寫明工程計劃、材料、開工完工日期及費用。越具體越好。如有律師過目更妥。如果是以中文寫成，最好將其翻成英文，以備萬一有法律糾紛時使用。

　　2、不可預付大筆費用。　注明分階段按工程進度支付。　完工滿意後才付清。這樣仍然不足以保證他們會按時完工 (甚至永不完工!)，因爲很可能裝修匠會在半途接到另一單更有利可圖的生意，而任意拖延手頭上半途的工程。
　　**所以，爲保護自己利益，還應該：

　　3、列下處罰條文，表明在什麼情況下你有權索賠。　但他們很可能不同意這一條。只要你認爲自己的要求合乎情理，就應當堅持。當然條文中對時間也不應該限得太死板，要知道有些工程進度受天氣影響，不是工匠所能控制的。

　　4、一旦計劃設立，不要輕易讓對方更改。　自己也不要太多改動。要知道幾乎任何改動不是導致降低品質，就是增加費用。多半的爭執糾葛就是由此而生。預先充份的計劃非常關鍵！當然也要認識到，沒有一個計劃是十全十美的，工程中總會發現一些原來設想不到的問題的。那就需要仔細的協商，妥善的解決。以不偏離原來計劃太多爲益。

　　5、談判保修期及具體條件。　在施工前、施工期間、特別是完工時照一些相片，以便將來翻工、修理或是有爭執時好做爲依據。

五、房産的稅務問題

　　一旦擁有房産, 你的稅務就變得復雜多了. 總的來說, 是對你有利的. 但是要想獲得最大程度的好處, 很多方面還是要了解清楚計劃周密的.

　　從歷史上來看, 美國傳統是鼓勵民衆擁有自己的房屋的. 這不單是移民國家開疆辟域建家園精神的體現, 也有其經濟和政治上的意義. 經濟上來說, "居者有其屋" 比例上升, 帶動一系列工業成長 (如建材五金、機械、電器甚至汽車等等), 可以大大刺激經濟成長. 每個季度新屋動工率、現有屋銷售數目的報告都會在華爾街引起股票市場的反應. 政治上來說, 廣大民衆擁有自己住屋, 是一種中産階級社會象征, 增加社會的穩定. 大家都忙于照顧自己的房子, 哪里還會有興趣搞 "革命"?

　　在政府方面, 很多政策的制訂也是比較鼓勵、照顧民衆擁有自己住屋的. 稅務政策最爲明顯, 可以說是有利于屋主而不利于租客. 簡單來說, 就是屋主爲房子付的錢很多可以抵所得稅, 而租客爲住宿付的費用卻一分錢都拿不回來!

　　八十年代以前稅法比較寬松, 鼓勵民衆消費. 很多種貸款 (如汽車、購物) 利息都可以部分抵稅. 1986年國會進行大規模稅法改革, 結果是大幅度減免其它消費開支的抵稅優待. 唯獨房産稅條文的優惠政策未受殃及, 成爲碩果僅存的利民項目. 這種網開一面的做法, 確實保證了民衆享受抵稅的實惠, 從而有力地刺激購屋熱潮.

　　但是稅法與實際情況都是復雜的. 究竟你有權可以享受多大益處, 也不容易理解透徹, 更沒有統一的答案. 必須針對自己的狀況來做具體分析. 專業人士如會計師之類的指導也許還是少不了的. 這里只是簡單介紹一般原則性的概況:

　　1、通常房屋貸款的利息部分可以完全從聯邦個人所得稅中扣除. 你可以扣除兩所住屋的利息部分, 如果價值總數不超過一百萬的話. 高于一百萬的部分則不可以扣除掉. 如果你擁有超過兩所房屋的話, 只有主要用自己居住的才可以享有完全扣稅的優惠. 其它的則屬于投資房産一類, 就要在出租房屋不允許的減稅部分來算了. 由于情況復雜, 最好是請專業人士幫忙.

　　2、點數通常可以扣稅. 如前面所說, 主要居住屋貸款時付的點數以不超過

當地平均標準, 可以將其作爲預付貸款利息而加以扣除。 其它房產的點數則不可以
扣稅。

3、地産稅 (付給州及地方) 可以從聯邦稅中扣除。

4、第二貸款 (現有房屋抵押貸款 Second mortgage), 房産淨值信用綫 (Home
equity credit line) 在十五萬元以下的利息部分可以抵稅。高于此限的部分如要抵稅的
話則必須征得國稅局同意, 確認是用于房屋改善的主要項目 (substantial home improve-
ment) 才行。 規定較爲嚴格具體。

第二貸款是指借貸人爲了某種合法的特定目的 (如子女大學費用、改造房屋
、籌集醫療費用等等) 而申請的抵押貸款。 借貸人收到的是一筆總數, 再分期償還。

淨值信用綫也是用房産做抵押的一種貸款。 它是象一個信用卡賬户一樣, 設
定一個最高限額, 你可以借出來用, 要付利息。 不用時則而不付利息。 你可以在限額
内一次次借, 一次次還, 就好象使用信用卡一樣。

這兩種貸款的優點當然是在于可以抵稅。 如果你是使用信用卡借錢 (或是其
它方法借錢), 其利息部分是不可以抵稅的。 因此銀行常鼓勵、 誘惑屋主將其它方
面的借款集中付清, 轉向銀行申請這一類貸款 (即借一方來還幾方)。 確實是一種可
行的方法。 但必須注意兩點: 你的房産淨值要達到相當比例才好拿去抵押。 換而言
之, 月供貸款中的利息部分要降到相當程度以下。 不要過度使用這個方法。 借錢總
是要還的, 負擔太重容易出危險。 萬一出差錯無力償還的話, 房産可能被拿去拍賣!

5、修理、改善費用 (Repair and improvement) 有些也可以用于抵稅。 這個情
況也比較復雜。 對于自己住的房屋來説, 這些費用是作爲保值、增值的成本 (象投
資一樣)。 國稅局不準將這些部分隨時做扣稅處理。 但是到你出售房屋時如有盈利,
改善方面的費用則可算成是促使房産增值的成本, 可以從盈利部分中扣除。 這就好
象申報生意商業稅時, 將成本從利潤中減去一個道理。

所以, 從買屋第一天起, 但凡購買用于修理、改善住房的開支你都要保留發票、
妥善全面紀録, 以備將來賣房子時申報抵稅之用。

專家建議, 最好的方法是建立兩個檔案夾, 一個用于修理費用紀錄, 一個用于改善 (增建) 紀錄. 修理方面是指原有設施在有損壞情況下修復或更換. 改善方面通常是指在原來沒有的地方增建部分, 以增加房屋使用功能與價值. 舉例來說, 原有的浴室出毛病了, 經整修、更換設施屬于修理; 如果在什麼地方加建一個浴室則屬于改善. 最好在改建前後照相存檔以便將來出示爲證.

修理的花費在一家庭自住宅中不可以抵稅. 但是有發票紀錄總是好些, 有時修理與改建的區別說不清. 而且誰也料不到將來稅法會有什麼改變, 或是自己房子會不會改成二家庭.

在有合法出租部分的多家庭房屋則有不同對待. 一般來說, 用于出租部分的修理、改善開支可以從租金盈利部分扣稅.

因此, 好的存檔習慣對報稅人很重要. 萬一遇到查稅 (audit), 你可以從容地出示整理好的紀錄、藍圖及相片, 令查稅官員信服, 免掉很多解釋的麻煩.

不光是發票收據, 退回的支票存根、申請建築許可證的副本、工程草圖、相片都應妥善歸類保存. 并附列一張開支明細表. 總之, 準備越完善, 心里越踏實.

六、 房屋買賣盈虧與稅務關系

買賣盈虧 (gains and losses) 在稅務中也有相關規定. 有買有賣, 有賺有賠, 這是現實生活中一事實, 稅法當然也有相應反映.

大多數美國人的房屋夢并不是一次實現的. 年輕夫婦由于收入、開支的限制, 開始時是買一幢暫時可以應付需要的所謂 "起點屋" (starter home), 隨着收入和家庭的成長 (房產也增值), 到了條件成熟時他們便會賣掉現有屋, 拿錢去買另一所更大更高級的住宅. 這叫做換屋升級 (trade-up). 據統計, 現在多數人平均七八年至十年左右就換一次屋.

等到退休時, 由于孩子們已長大離開父母的窩巢自立了, 自己的收入也不再

增加 (甚至下降了)，老年夫婦就可能會出售自己的夢想屋換一所適合退休生活的較小房子或公寓。而賣房剩下的盈余部分便可以用于養老、消閑、旅游等。所以，生活在美國便要有買賣房屋的計劃和準備。而了解一買一賣對于自己財務，特別是稅務的影響也變得非常重要。

很多年來，聯邦政府爲了鼓勵民衆不斷升級，完成他們的房屋夢，特別允許屋主售屋後延遲付盈利稅。比如，你賣掉第一所房屋，在賣屋的前兩年或後兩年內又以相同價格、或高于售價的價格買下第二所房屋，你便有權暫時不付賣屋所獲利部分的稅。直到將來你又買賣房屋，而買價低于售價時，你才必須付差額部分的盈利稅。原則是: 你可以遲付，但你的買賣交易必須導致你擁有更高價值的房屋。這個政策的含義是: 如果你掙的錢越來越多，從省稅的角度上來說你也應該住上越來越好的房屋。這種生活方式的升級對整體經濟也是一種刺激促進，這也就是爲什麼政府會鼓勵的原因。

爲了保護照顧老年屋主的利益，稅法準許55歲以上的屋主在出售自住三年以上的房産、盈利在十二萬五千元之內的部分免稅。這種豁免一對夫婦一生只能用一次。這又進一步體現了擁有房産增值養老的好處。

　**目前最新的稅法改革動態是: 聯邦干脆取消關于售屋后一定要再買同價以上的房屋的限制，而是規定在一定盈利範圍(五十萬內)內不需交稅。每戶人家每兩年只能爲一次這種房屋買賣的盈利免稅。這種新的做法當然是爲了更進一步增加民衆自由買賣房屋的靈活性，特別有利于老年人和高收入階層。關于這一新稅法，本書結稿時仍未正式發表細節。所以本章依然保留1997年夏之前的稅法規定。讀者如遇這方面問題必須具體請教專業人士。

•怎麼計算盈利與虧損呢?

當你出售房産時，售價減去當初的購價以及你所有投入到修善費用之總和，再減去當年買房時所花的律師費等等，如有余數便是你的盈利; 如是負數則爲虧損。

在這里，出售屋的"基礎成本"(basis) 是個關鍵概念: 當年所付的首期、律師費等等，加上歷年來所付的貸款、再加上爲修善所花費的開支之總和。正因如此，應該再次强調保存修理、改建資料的重要性!

在具體的計算中，還有其它因素，也相當復雜。除了算出房屋基礎成本後還得算出"調整後售價"(adjusted sale price). 再以調整後售價減去基礎成本.　調整後售價是指售價減去爲了賣屋而付出的律師費、地產商傭金、以及廣告費之類的雜費開支. 爲買新屋而付出的類似費用則應算在將來再賣時的基礎成本上去, 現在不得申報抵除盈利.

　　比方說, 你當年付的房價是十萬, 後來又陸續投入四萬八千元用于修理改善. 當初還花了二千元其它費用(可以現在申報的部分), 則構成基礎成本價爲十五萬. 現在你出售此房産獲得二十五萬. 除去律師費、傭金等雜費三萬, 即得出調整後售價實爲二十二萬.　你應有七萬盈利.　如果你不在這項交易的前後兩年内買另一處價值二十五萬以上的房屋, 國稅局便要向你征收這七萬元盈利部分的資産增值稅(Capital gains tax).　如果你在此規定期限内又買下一處二十五萬元以上房産, 國稅局則允許你暫時不交盈利稅, 延遲到將來再說.　當然, 你可以繼續升級換屋, 直到55歲時才停止升級, 到時你便可以免掉十二萬五千元盈利稅了! 稅法也有可能會調整, 隨着通貨膨脹使錢變小, 允許免稅額很可能是會繼續加大的.

　　在具體申報時, 還要計算售屋所得與償付貸款、淨值多少的關系, 比較復雜. 最好找這方面的專業人士如會計師來幫忙.

　　最後注意: 不管盈虧、延遲付稅與否, 你必須將每次交易詳細申報給國稅局.　精確計算, 不遺漏細節. 國稅局只是讓你延遲付稅而已, 并不是免除. 他們會仔細查閱你的申報, 存檔以便將來與你最終結算的.　你的每一次買賣的申報都會紀錄在檔案里. 如果不報或亂報, 是會受到盤查以至于處罰的. 不可大意!

•如有虧損的話:

　　萬一你賣出房屋時得到的價格不及當初付出的代價呢? 具體的說來應該是"調整後售價"減去"基礎成本"呈現負數值.　這就形成純粹的虧損了. 因爲稅法并不存在任何彌補房産虧損的優惠,　你也不能將此算爲生意的虧損而從所得稅中扣除.

　　當然, 如果你再買進的房産價格低于售出上述房的價格, 國稅局也不會在差額中征稅, 因爲根本就無盈利部分可言.

七、出租房屋部分的收入

税法對這個部分的規定既復雜又不夠明確, 很容易使人誤解.

一般來説, 出租部分被認爲是一種房產投資. 這種投資是非常帶普遍性的. 有能力的人買房出租部分以增加收入, 即所謂以租金供屋的做法實在太多. 有的人是業余性的、小規模的. 有的人則是專業性、大規模的, 把它當成一項職業性的生意來做. 華人中不少一輩子辛苦打工積蓄, 買下房產, 出租相當大部分以供貸款. 有的人寧願自己住地庫以求最大限度的增加收入, 自己更身兼修理工、管理員. 不少專業人士如醫生、律師等收入豐厚者更是廣置房產, 光靠收租就是一筆頗爲可觀的收入. 但大多數的人只是爲了減少一些月供的壓力, 出租一層樓罷了. 各種各樣的情況不同, 在稅務方面的待遇當然也就復雜化了.

現在的稅法大致上區分這些房產投資爲積極 (active) 和消極 (passive) 投資兩大類. 一般家庭出租部分房屋以增加收入 (注意, 只有合法規定的兩家庭以上房屋才允許出租并申報!) 的情況只能算成是消極投資類. 此類投資如有虧損是不能從投資人本身的所得稅中扣除的, 只能從其它另外的消極投資項目的盈利相抵. 這是稅法改革後出現的新規定, 有它的道理. 從前高收入階層可以大量購進地產, 如果租不出好價錢也不怕, 因爲投資的虧損可以從他們正職的收入所得稅中相抵. 同時, 自己的資產還有增加. 現在他們就難以這樣行得通了, 這個漏洞基本上被國稅局補起來了.

積極投資性質的專業性房產投資人, 自己也參加經營管理的, 如年收入不足十五萬者, 虧損在二萬五千元以下者是允許從其收入所得稅中扣除虧損部分. 究竟可以扣減多少還得根據每人收入高低而定.

對一般年收入在十五萬元以下的人來説, 你可以扣除租出部分修理以及管理部分的開支: 如廣告、維護、水電、保險開支等等. 如果出租部分是你本身居住屋的一部分, 抵稅的比例也應相應計算. 另外, 出租部分還有 "折舊率" 可以申報, 如同生產中的機器設備一樣, 有正常磨損退化 (normal wear and tear).

　　　總之，出租收入 與抵稅對一般業主相當有利．但是由于情況的復雜性，最好在計劃、投資與報稅方面都有專家指導，以期獲得最大限度的利益．

　　　至于渡假屋方面，其性質則居于主要自住屋與投資屋之間．它的貸款利息部分可以抵稅 (條件是自住屋與渡假屋總值不超過一百萬元)．但渡假屋的點數卻不可以抵稅．如果渡假屋的用途純屬自住，其維修、折舊都不能抵稅．如果申報爲出租，則又類似于投資房産，稅務上屬于出租類．情況也具復雜性，需要專家的指導．記住：有收入要報稅、有投資開銷則可抵稅，怎樣才是最劃算的做法，就需要仔細計劃了．

八．家庭辦公室稅務

　　　近年來，家庭辦公室變得頗爲流行．有不少勞工專家甚至預測這是將來就業與商業的一個重要發展方向．特別是在九十年代初期以來，傳統性大公司紛紛減員以降低成本，大批專業人士只好自謀出路．不少便自己利用本身技能在家創立生意．另一個重要的因素是電腦業、通訊業革命性的發展，已使得地域性的限制基本突破，人們在家也可以充分與外界聯絡，運轉自如．

　　　其結果之一，也造成人們利用家庭辦公室開支來減低原有的稅務．如果處理得當，這也是合法合理的．但是，按照稅法規定，家庭辦公室 (Home Office) 如要享有稅務上的好處，必須符合兩個基本條件：

1) 你是自我雇主 (self-emplayed)．你在家里做自己的生意．*
　2) 你的雇主要求你爲了公司的業務方便而在家辦公．

　　　　　* 如果你申報家庭辦公室作爲你的業余生意開銷，這個生意必須是
　　　　　　賺錢、有盈余的．

　　　另外，你的家庭辦公室必須是經常性、單一性的．是爲了你的工作而設立的，不能在使用上混于其它的家庭用室功能．而且你必須是在此從事你的生意的主要運作部份．

如果你的情況滿足這些條件, 你可以在報稅中減出一定比例的房屋開支. 例如: 你的辦公室占全屋使用面積的六分之一, 所有房屋開銷 (包括水電、保險、維修) 的六分之一可以用于申報. 但是, 你不能將其開銷申報爲生意虧損的一部分.

記住: 如今國稅局對于家庭辦公室的規定和稽查非常嚴格. 特別是對于那些只是申報做業余生意的尤其警覺, 因它他們已經發現有相當多的人只是憑空虛報、或是任意夸大以圖減少報稅而已.

有這一項申報的人, 在將來賣房時也必須補交那一部分盈利稅 (如果售價高于買價的話).

九. 搬遷費用的申報

不少人主觀以爲凡是買房後的正常搬遷費用都可以申報抵稅. 其實國稅局對此是有相當具體的規定的, 它僅僅允許與工作相關性質的搬遷費用進行申報抵稅.

你必須是從主要居住屋搬到另一主要居住屋, 而且這種搬遷必須是在三十五哩路程以上. 這種搬遷是爲了工作方便的需要才可抵稅. 例如, 你換了工作, 離舊居相當遙遠, 必須另買住所以靠近新工作. 這樣就合格申報. 另外, 對你的新工作的工作期限也有規定, 如在新工作停留時間太短暫, 你也可能不合格.
其費用一般是在三千元以下.

因爲這也不是很容易弄清楚的問題, 如果有疑難, 最好也請教專家出主意, 爲你計算.

十. 房屋的正常維護

擁有了自己的房子就象買了車一樣, 需要小心維護. 定期的檢查維修能夠確保各部位正常工作, 不致于由于疏忽而導致過早的損壞, 造成不必要的大開支.

由于房屋各部位都有不同的使用壽命、使用程度、各地區氣候的特點、以及材料優劣新舊之差別, 很難以簡短篇幅來概括修理的程序、要領。 以下只是按照美國房屋檢驗師協會的一般性指導意見而歸納出簡單幾項:

1) 每次大雨後都應查看地庫是否潮濕滲水。特別要仔細檢查角落低凹處。往往那些不易接近的地方容易受忽視。 如果發現有滲水現象, 要盡快找出原因以針對問題根源進行處理。

2) 經常檢查室內外水龍頭是否滴水。 這不單是浪費水源的問題, 長期滴漏也易造成潮濕, 引起結構性損壞。 其實水龍頭滴水是很容易制止的。

3) 每一兩個月清除一次熱水爐沉澱物。這樣做不單單延長了熱水爐的使用壽命, 更可以提高加熱的效率, 節省能源開支。

4) 冬天大約每一個半月至二個月換鍋爐過濾片; 夏天每二個月換一次或是根據廠家規定做。 對于冷氣機也應如此。 這些是節源的措施。

5) 每半年左右將電源控制盒的總保險開關一次, 以確保其觸點部分的接觸性能。 每月檢查一次浴室、廚房內防水安全型 (GFCI) 插座的接地性能。 在插座上有一個小型開關可供測試。

6) 每年春秋季, 檢查烟囱是否有破損、阻塞現象。 最好是請一家聲譽好的專業公司定期派人來檢查。

7) 秋季也是請有執照的人員 (或是叫煤氣公司、鍋爐廠商) 來檢修鍋爐的時節。 不光是管道的疏通, 火量的大小調節也是由專業人員進行爲好。

8) 最好在春天雨季來臨之前檢查瓦面及雨槽。 確保瓦頂完好、雨槽的流水不直接冲到地基上。

9) 檢查瓦頂上的通氣管、天窗、烟囱等的底部周圍, 確保不漏水。

10) 檢查外部油柒, 如有剝落處要及時補油。 勿使水滲入牆內造成結構性破壞.

11) 在寒冷地區, 秋季要排干外部噴水裝置及游泳池.

12) 冬季來臨以前, 檢修所有外部密封接縫膠 (caulking), 以保證房屋密不透風.

13) 經常查看所有可能引起水份蒸發聚集處, 特別是閣樓以及烟囱附近. 如果問題持續, 會造成木質損壞. 需要增設通風量, 如加排風扇、通風口等等措施.

14) 根據容量、用水量, 二至四年內將污水池抽干一次. 如果其間懷疑有問題, 隨時叫專業人員測試其化污能力、決定對策.

以上列舉各項, 是一般屋主容易忽視的地方. 其它很多明顯的、容易引起注意的地方還包括:

1) 門窗漏縫透風、鉸聯松脱.

2) 電路有問題, 如經常短路跳閘 (某處火、地綫間絶緣不佳, 容易引起大電流通過, 導致保險裝置自動斷電).

3) 水龍頭漏水或是流量減少. 需要拆開清洗沉澱渣, 或換墊膠片等等. 如是名廠優質產品, 通常不需拆換. 如是低品質便宜貨則最好一次性換掉, 以免不斷出麻煩.

4) 下水道阻塞. 通常是由於使用不當, 很多不應冲到排水管的物質被冲下去. 這種經常性的使用不當不可避免的會造成污物積壓回流, 只是時間問題罷了. 需要打開清除口, 溝通并取出沉積污物. 并常用醋、蘇打水冲洗. 注意盡量避免使用化學通管道藥物以免傷害管道本身! 另外一個可能性就是樹根伸進下水道引起堵塞. 最好叫管道工來用電動 "蛇" (snake) 將其剪除. 自己動手如無經驗容易造成管道損壞.

** 另外，為了安全，必須注意：

1) 每一層至少安裝一個烟霧警報器, 并經常試試其功能. 每年換一次電池.

2) 每一層至少安裝一個泡沫滅火器。 不要擺在幼童可以拿到的地方.

3) 如有幼童, 樓梯口要裝安全柵. 牆角最好貼 (或釘) 上塑膠防護條 (plastic corner guard) 以防撞傷頭部.

4) 如有幼童, 窗口應設安全欄杆。 電源插座也要塞好.

其它還有不少安全措施, 如要進一步了解可以到圖書館查閱有關資料.

附錄一: 中英對照房屋買賣常用詞淺釋

(按英文字母順序排列)

Adjustable-rate mortgage (ARM): 浮動利率貸款。其利率隨一種金融市場的財政指數之上升下降做定時的浮動調整。

Amortization: 貸款的每月付款與本金的償付余額比數。

Annual percentage rate (APR): 貸款所需的起初費用代價。包括利率、點數以及其它費用。聯邦規定貸方需透露這個數目給借方, 不可以光是以利率來招徠客户。

Application fee: 貸方要求借方先付的申請費用, 通常是不可索退的。

Appraisal: 房產估值。貸方在決定放貸前所做的房產市場價值調查, 以決定貸款額占市場價值的比例。通常是由專業估值員進行。

Asbestos: 石綿。危害物質, 會導致癌症。以前廣泛被用於保溫層。自1970年代來被聯邦禁用并規定拆除。目前仍有不少老房子内存在。

Assessment: 地區政府所做的房產估值, 用於決定征收地區房產稅的基價。

Binder: "誠意訂金"。做爲買方出價體現誠意的一部分。通常在五百至一千元之間。賣方通常是不可以將此錢提現的。

Broker: 地産經紀商。

Closing: 過户。是房産權由賣方轉移到買方的法律程序。

Closing cost: 過户時所花的費用, 通常是買方完全支付. 這是除了首期之外最大一筆開銷.

Commitment: 貸方開給借方的貸款承諾通知書. 表示如果借方滿足貸方所有要求的條件, 貸方保證在一定期限内發放貸款. 注意: 這種承諾并不意味着批準正式貸款協定.

Contingency: 房産買賣合同中的先決條件. 如不能滿足, 合同自動失效. 是保護買方利益之關鍵條文.

Credit check: 信用調查. 貸方通常在批準貸款前, 通過信用紀錄報告公司調查申請人的信用歷史, 包括以前分期付款史、信用卡及其它各種消費付賬、銀行賬號等等.

Deed: 産權轉移證書. 過户完成後, 産權轉移將在當地政府正式登記備案, 再交給買主保存.

Deposit: 押金. 通常在簽字購屋合約時, 買方需付一部分首期 (一般爲總價的5%-10%) 作爲押金, 由賣方律師存入專設的代管賬户 (escrow account) 直到過户時才正式移交給賣方.

Down Payment: 首期付款. 買方支付給賣方的第一筆款項, 通常是總數的一小部份, 例如10％或20％. 余額由貸款銀行悉數支付.

Earnest Money (good-faith money): 與Binder相同, 支票形式的 誠意訂金. 除非買方無理毀約, 賣方是不可以將此提現的.

Equity: 房産淨值. 等于總值減去已付部分 (首期加已付的每月供款), 再加上市場價值增值部分 (如遇市場下跌, 這差額呈負值).

Exclusive right to sell: 獨家授權出售. 在這種合同下, 即使屋主自己將房屋出售, 也還需要支付傭金給授權地産公司.

Fixed-rate mortgage: 固定利率貸款. 不管金融市場如何變化, 這種貸款利率維持不變. 每月供貸數額也不變.

Good-faith estimate: 貸方在收到貸款申請的三日內, 需盡可能準碓地估算借方在過戶時所花費用并通知借方.

HUD-1 form: 聯邦房屋與都市開發局發出的統一型貸款實情申報表, 根據 "地產過戶手續法" 規定, 貸方必須將貸款費用逐項細節分布給借方.

Lien: 法定債權. 如果業主欠有政府某些稅或其它費用, 政府有權向業主 (記住: 這是追物業而不是追個人的, 買主擁有帶 Lien 的產業, 則自動繼承債權) 征收欠款. 問題嚴重時會被政府征收拍賣來償付. 除政府外, 私人機構也有權向法庭申請針對產業的債權.

mortgage: 貸款協議書. 也是貸款的通稱. 借方根據其合約條件定期分批償付借款.

Mortgaga broker: 貸款經紀人.

Note: 借方責任通知書. 過戶時借方簽署, 表示同意按貸方所列條件分期付款.

Offer to purchase: 購買意向書. 買方提議以某價格、 在滿足某些要求情況下購買某房產. 賣方一旦簽署, 便形成有法律約束力的草簽合約.

Origination fee: 貸款申請手續費, 即點數 (points).

PITI (Principle, Interest, Tax and Insurance): 貸方計算借方償付能力時, 主要考慮的因素. 即借方每月需償付的本金、 利息、 稅及保險費用總和.

Points: 點數. 每一點等於貸款總數的百份之一.

Preapproval: 貸方對借方申請的先期批準書. 這只是原則上的批準, 并不意味着貸方非要正式批準不可。如不能滿足某些列出條件, 貸方可取消批準。

Private mortgage Insurance (PMI): 私人貸款保險。在首期不夠房價總數之20%情況下, 貸方要求借方購買這種保險, 直到淨值增到 20%至 25%時為止。

Purchase and Sale Agreement: 正式房產買賣協定書。

Radon: 氡氣。土壤內含有的一種無色無臭的有害氣體。當房屋通風不妥時, 這種有害氣體可留存空間, 傷害人體。驗屋時要檢驗清楚。

Rate cap: 浮動利率貸款的利率浮動上限, 設計用于保護借方的利益。

Rate Lock-in: 鎖定利率。借方在申請貸款過程中, 可以選個日期將當日利率鎖定。日後不管升降, 不影響自己的貸款利率。通常60天 (或90天) 有效, 意即鎖定後60天 (或90天) 內必須過戶。

Rider: 合約的附加條款部分, 法律效力與正文條款一樣有效。買賣雙方在談判時通常是在這些附加條款上做文章爭取多些利益, 盡量約束對方要求。

Secondary mortgage market: 二類貸款市場。是真正的提供貸款的大宗來源。一般銀行所做的貸款業務只不過是轉手生意罷了, 大多數貸款都來自二類市場。

Settlement: 過戶的正式名稱。

Survey: 占地調查。貸方委托所做的關于房屋土地範圍的調查, 結果是由一張繪圖顯示的。

Title: 產權。由一份正式的法律文件顯示房產的擁有人身份。

Title insurance: 產權保險。購買這種保險可以防止將來陷入有關產權的糾紛時損失自己的利益。

Title search:　產權調查。 買方律師委託專業人士所進行的關于賣方是否真是業主的調查。

Truth-in-lending Disclosure:　貸款實情通知書。 聯邦規定貸方必須向借方提供具體、逐項的實際費用通知。

附錄二：

貸款本金每千元之月供數額表
Amortization table

（每借 ＄1000 需按月償還的數額．例如：借十五萬，利率爲 6％，　年期爲 30 年，
即需付：　6 x 150 ＝ 900 元，　以此類推）

利率	年期 (Years)				
百分之%：	十年	十五年	二十年	二十五年	三十年
6	11.10	8.44	7.16	6.44	6.00
6 1/4	11.23	8.57	7.31	6.60	6.16
6 1/2	11.35	8.71	7.46	6.75	6.32
6 3/4	11.48	8.85	7.60	6.91	6.49
7	11.61	8.99	7.75	7.07	6.65
7 1/4	11.74	9.13	7.90	7.23	6.82
7 1/2	11.87	9.27	8.06	7.39	6.99
7 3/4	12.00	9.41	8.21	7.55	7.16
8	12.13	9.56	8.36	7.72	7.34
8 1/4	12.27	9.70	8.52	7.88	7.51
8 1/2	12.40	9.85	8.68	8.06	7.69
8 3/4	12.54	10.00	8.84	8.23	7.87
9	12.67	10.15	9.00	8.40	8.05
9 1/4	12.81	10.30	9.16	8.57	8.23
9 1/2	12.94	10.45	9.33	8.74	8.41
9 3/4	13.08	10.60	9.49	8.92	8.60
10	13.22	10.75	9.66	9.09	8.78
10 1/4	13.36	10.90	9.82	9.27	8.97
10 1/2	13.50	11.06	9.99	9.45	9.15
10 3/4	13.64	11.21	10.16	9.63	9.34
11	13.78	11.37	10.33	9.81	9.53
11 1/4	13.92	11.53	10.50	9.99	9.72
11 1/2	14.06	11.69	10.67	10.17	9.91
11 3/4	14.21	11.85	10.84	10.35	10.10
12	14.35	12.01	11.02	10.54	10.29
12 1/4	14.50	12.17	11.19	10.72	10.48
12 1/2	14.64	12.33	11.37	10.91	10.68
12 3/4	14.79	12.49	11.54	11.10	10.87
13	14.94	12.66	11.72	11.28	11.07
13 1/4	15.08	12.82	11.90	11.47	11.26
13 1/2	15.23	12.99	12.08	11.66	11.46
13 3/4	15.38	13.15	12.26	11.85	11.66
14	15.53	13.32	12.44	12.04	11.85
14 1/4	15.68	13.49	12.62	12.23	12.05
14 1/2	15.83	13.66	12.80	12.43	12.25
14 3/4	15.99	13.83	12.99	12.62	12.45
15	16.14	14.00	13.17	12.81	12.65
15 1/4	16.29	14.17	13.36	13.01	12.85
15 1/2	16.45	14.34	13.54	13.20	13.05
15 3/4	16.60	14.52	13.73	13.40	13.25
16	16.76	14.69	13.92	13.59	13.45

附錄三：　常見房屋種類

I. 房屋的分層種類:

**請注意:

在房屋建築學定義上，分層種類只是按地面上的層數來劃分，并不包括地庫。 以下各種類房屋都可能包括、或不包括地庫。

單層類房屋　（Single Level)

最典型的爲牧場式，以及平原西班牙式。 尤其多見于美國南部與西部氣候溫暖的地方。 這類房屋造價最便宜， 不需樓梯，方便在各房間之間走動。 保養容易，保溫效率高。 而且特別有利于殘障人士、老弱幼童居住。 缺點爲占地面積較大， 土地使用效率不高， 在地產昂貴的地方比較不合算。 還有就是卧室與主要起居部分同在一層， 有不少人嫌其隱私不夠。

半分層類房屋 (Split Level):

　　　這種類型其實是單層類與雙層類的結合與折中。多建于稍有坡度的地型。利用地型特點, 造成房子的一部分爲兩層, 另一部分爲一層。有的爲前低後高, 有的爲左右一高一低。這種類型的房子造價要高于同樣占地面積的單層類。但要低于其他種類。由于樓梯通常不高, 内部行動比較方便。缺點是内部通常顯得比較窄小, 布局比較分割過度, 不夠氣派。

　　　另一種類似的叫做 Daylight Basement, 也是通常建在坡度上。 下面是車房 （也有可能包括一些居住面積), 上面爲主要居住層。 這種房子從坡上看只見一層, 從坡下才見兩層。

雙層類房屋 (Two-Story):

　　如果不計較爬樓梯的話，這種房子具有很多優點。　最大優點就是占地面積使用效率高。　同樣面積的土地可以建成兩倍使用面積。由于是在同一地基上建築，也節省了一些主要的材料如水泥、瓦及屋頂構架等等。所以盡管造價高于單層的，經濟效益也高些。　另一個優點是起居層 (包括廳、廚、家庭起居室等等)　與臥室層分開，功能明顯。這是最爲流行的一種房屋類型。

多層類房屋 (Multilevel):

　　這種房屋多建于坡度較大的地方。　很多富人喜歡選擇高坡建造巨宅豪舍以取其居高臨下的氣勢。　設計得好的會充分利用其地型，多樣化的屋頂、陽臺、門窗將其顯得復雜化而又統一協調，既雄偉富麗又別具請調。　同時盡量使得房子的各部位充分采光。　不用說這種類型的造價當然最昂貴。也有不少中等價格的、結構比較簡單化的多層類房屋，　通常見于郊外的中産階級地區。

　　如果不在乎爬樓梯，這種房屋住起來是比較舒服的。但是這種房屋不但造價較高，保養維修也較難，而且一定要確保地基牢固。同時也要考慮車房位置與車道出入的問題，看看下雨下雪時有無困難。

II. **房屋的外觀式樣種類** (House Exterior Styles)

美國的大多數房屋外觀式樣是歐洲傳統與早期殖民地定居者依地因材施建的簡易型的結合。建築方法卻根據各地氣候、地型與材料的不同而各有其特點。由于美國人不喜歡統一刻板化，建築商也就盡量設計多樣化以吸引買主。正因爲如此，房屋的式樣種類劃分比較難絕對化。只能是根據其大體上原本風格而定。

以下是常見的一些式樣:

殖民地式海濱別墅屋 **(Cape Code Colonial):**

這是一種比較小型的、常見于從前度假區的簡易型房屋。現代新建的也處處可見。 通常是一層半，有的帶地庫。 臥室位于一樓。 二樓亦有可能改爲臥室。

屋頂很陡，烟囱位于正中央。稍大型的房子烟囱也可能設計在對稱的兩端。

這種房屋簡單易建，容易維修。 保溫也容易，價格較便宜。 特別適合于小家庭，因此很受年輕夫婦歡迎。　在 1920 至 1950 年代很流行。現代設計的比較大一些。

由于這種房屋屋頂很陡，　二樓如果要建臥室的話，常在房子正面的瓦頂上開口延伸出屋頂窗 (dormer) 以增加室內空間。驗屋時要了解是否屬于後來改建的。小心看有無承力不夠、引起變形、開窗不順的現象。

牧場式單層房屋 (Ranch):

這是1940年代以來首先在加州及南部一帶、漸漸流行到美國各地的一種相當受歡迎的建築型式。在土地價格較便宜的郊外及鄉下的占地面積較大，也就比較舒展。而在都市的一般較小，相對而言也就不太寬暢。

特點：較平坦的瓦面，室內顯得寬大；屋檐寬闊有利于遮陽，特別適合南方氣候；一般門窗寬大，而且有玻璃推門；便于室內各房間行走，特別有利于有老人或殘障人士的家庭居住；保養容易；保溫效果好，在氣候溫暖地區更明顯。有的帶地庫。絕大多數建在平原地區。

缺點：占地面積的使用效率不高；由于臥室與起居部分同在一層，隱私性較低。

佐治亞殖民地式 (Georgian Colonial):

　　　這是一種比較大型的高檔建築，充分體現了美國建築的歐洲影響與殖民地傳統的結合。起源于南部，漸漸流行到美國各地。它的設計受古代希臘建築的影響很大，前門的支撐廊柱 (通常爲四根) 顯得雄偉壯觀。各個部位都是對稱的設計，很穩重端莊。內部一般也是使用正式的木牆面充滿精制細節。不用説，這種房屋一般是富有階層之所愛。

　　　類似的還有南部殖民地式 (Southern Colonial 上圖) 及希臘復古式 (Greek Revival)。

要塞殖民地式 (Garrison Colonial):

這也是殖民地式的一種。模仿早期的軍營哨房，結合其他種類的殖民地式樣而成。它的第二層牆面要比下面的凸出一截。意味着上面的臥室層要大些。

英國式 (English):

這些是受英國傳統影響的風格建築。特別是模仿1800年以前的式樣風格。但是并不是完全照抄，而是多多少少的帶有美國早期殖民地軍營的味道。

英國式房屋不同于其他歐洲式的一個主要特點是它造型的不對稱性。牆面主要是用半磚、石，加上粗大的木料支撐。結構上比較結實耐久。烟囪特別高大。瓦頂陡峭而且造型變化多端，結構復雜。正因為如此，既難建造而且一旦漏水也難維修。

其內部的走廊寬大，客廳也特別大，天花板上露出木梁做裝飾。通常帶有壁爐。整個房屋都帶有古色古香的韵味。
在驗屋時，除了特別要小心看有無漏水問題外，也要留意觀察其結構是否老化出毛病。須知這種房屋修理是相當不容易的。

注意: 現在很多建築商大批平價營建的英國式其實并不真正具備其特性, 只是外表上的模仿罷了.

都德/半木牆 (English Tudor/Half Timber):

維多莉亞式 (Victorian):

荷蘭殖民地式 （Dutch Colonial):

　　這種房屋帶有很多與其他殖民地式房屋相類似的地方。其主要特點是瓦頂爲復斜式 (梯型), 下部幾乎是等于一面牆, 二樓的窗就開在上面。瓦頂的上部很陡。其他特點還有: 門位于正中央; 烟囪一般在邊上; 窗户一般是用較小塊玻璃組成。

法國殖民地式 (French Colonial):

　　這種房屋也是具有斜牆式屋頂的特點，但是與荷蘭式的又有不同，不是梯狀的。二樓的窗戶上端呈半圓幅狀凸現到瓦面上方，以求造型的變化。整個造型是絕對平衡對稱的。法國式窗以高 (常爲落地式)、小塊玻璃著名，很顯高雅明亮。

西班牙殖民地式 （Spanish Colonial):

通常爲單層莊園式建築，也有雙層的變體式。 特點有: 平坦的屋頂、半圓形大門、窗户帶鐵欄杆、牆面用水泥批燙或陶土磚(adobe)鋪砌。

現代式 (Contemporary/Modern):

現代式建築并不刻意追求或模仿某一傳統式樣。 即使外觀類似某一式樣，其内部的布局也大不相同。 更多的是追求個體風格，以及根據住户的習慣和要求來設計。

　　很多流行的設計采用無細節的明快綫條、大面積的窗户和落地玻璃門以追求最大限度的采光和通風。寬大的露臺、陽臺、壁爐、天窗也是常用的附加部分。其内部一般盡量減少走道，加大廚浴面積，客廳很多也是開放型的。強調家庭起居室、車房的重要性。由于現在土地昂貴，現代房屋一般只好向上發展以追求空間，所以多層式建築比較吃香。

附錄四: 　房屋的各個部分圖解

I. 基礎部分:

　　好的地基應該是用水泥澆注或是水泥磚砌成的。 後者最常見。 國家建築標準推薦地基應該延伸到土地的結霜綫以下至少12"。 在寒冷地區應該更深些。太淺的地基會受地面熱脹冷縮的影響而開裂、移位, 造成整個房子的變形破壞。房子有地庫的容易看出深度。 只有爬入空間的較難; 如果是水泥地面基礎 (slab foundation) 的更難看出。

　　基牆應該高出地面, 使木料不與地面接觸。 同時周圍的地勢也應該是有一點坡度 使水向外面流走。

上圖爲帶地庫的基礎剖視圖。 基牆高度爲十一塊水泥磚。 上面用螺栓固定平放的地梁。 地板構架就建造于上。 中間用鐵支撐架頂住工字鋼梁。 以承受整個房屋的重量。 牆外的土爲沙質以加强排水性能。 砂土外還有一層具防水性能的填充材料, 盡量減低滲水的可能。

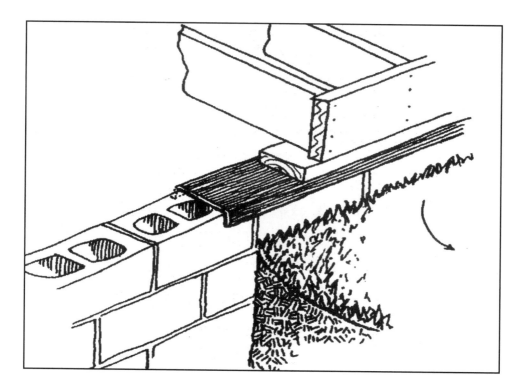

在地梁與水泥磚之間，有一層薄鋼片起防蟲防水的作用。地梁上面支撐着地板構架。注意牆外地面應有斜度，使水流走。

　　在看地基時，特別要小心查看有無滲水及蟲害的痕迹。如果有，對木結構的損害有多大？如果地梁腐蝕受損，整個房子的牢固性都可能出問題。修理很困難。外部如果發現橫向或是大的縱向裂縫，則很可能是地基下沉不勻所致。問題嚴重。

　　在地庫內，不要忘了用力深呼吸，聞一下有沒有潮氣。沒有滲水、蟲害，空氣流通好的地庫，木料應該是沒有損害的。

II. 地板構架:

　　地梁(sill)應該是用2x10英寸的高壓處理木料平放在地基上用螺栓固定的。其間還應用金屬片隔開以防蟲防潮。地梁上每16"以同樣的木料側立固定以形成框架。其間再以短枋鎖定。上面用五合板釘成粗地板。地板下面的通風很重要，可以防止潮氣淤集引起腐化。最好地板框架有工字鋼梁支撐，會大大加強整個房屋的堅固性。

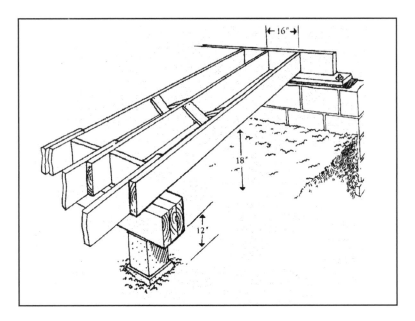

上圖是帶爬入空間的房子的地板構架．上面釘五合板做爲粗地板，再鋪樓板或地毯．

III. 牆構架:

　　牆構架主要是由木枋組成。爲了達到R－19的保溫系數，木枋的尺寸應該是2"x6"才夠厚。如果是2"x4"的只可能達到R－13，低于國家建築商協會所推薦的標準。保溫的重要性直接關系到長期能源的消耗，即金錢的開銷。牆的厚度是不難觀測到的。牆構架的木枋也是每16"一根，才夠結實。

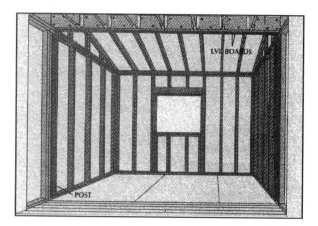

牆的內部是由木枋組成的。電綫和管道從木枋中間鑽洞通過。

IV. 屋頂構架:

　　屋頂構架的功能主要是連接四周圍的牆構架，承受屋頂材料，同時延伸到房屋外部形成屋檐。根據設計種類的不同，各種型式的屋頂建造方法也不同。但不管哪一類，其木枋架設也是每16"一根。

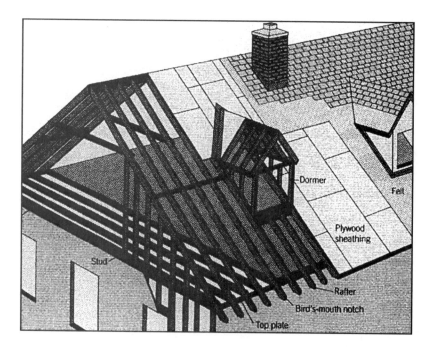

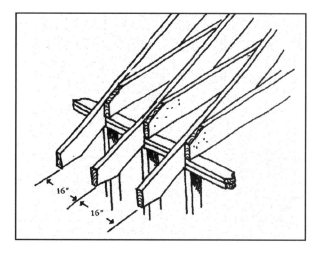

　　屋頂的保溫也很要緊。如果不好，自然上升的熱氣便會大量流失。應該達到R－40才理想。另一個重要的問題是閣樓的通風。由于自然上升的熱氣聚集會形成潮氣，不有效的排除的話，便會慢慢腐蝕木結構。通常排風的方法有設置對流的通風口 (gable vents), 以及裝設排風扇 (attic fan)。驗屋時不要忘記爬上閣樓去看看保溫層，同時深呼吸用鼻聞一下有沒有潮溫的氣味。用手電筒仔細查看有沒有構架變形和漏水的痕迹。這些是很難掩蓋的。

屋頂的結構以及通風排風裝置。

V. 房屋結構的種類:

關于這一部分，第六章已經有詳細的解釋。請參閱其文字部分。以下是圖例。

1、梁柱框架式 (Post and beam frame):

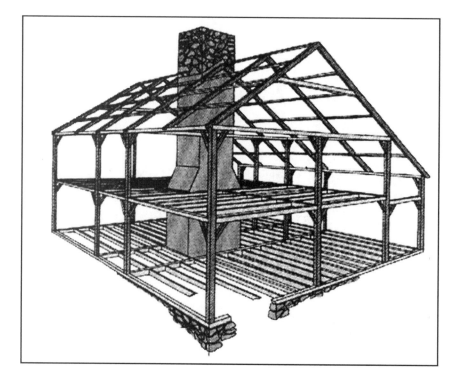

這種結構的直柱很長，相當于整個房子的高度．直柱與橫梁支撐住整個房子的重量．其他的木枋以及內牆并不真正承重。因此，在改裝內部布局、需要拆內牆時比較容易。是一種很好的結構，但是由于比較費料，現在比較少采用.

2、氣球形框架 (Ballon structure frame):

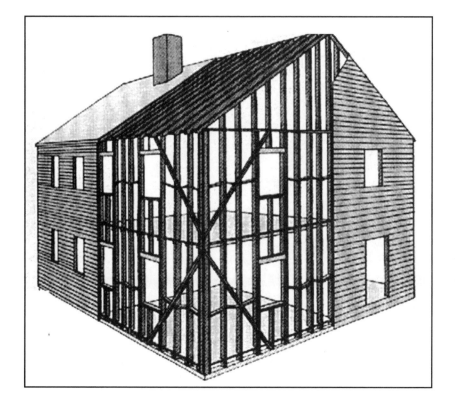

這種結構的房子在19世紀末期至1940年代之間相當流行．它用料比較小根，施工也比較容易．由于它是靠周圍的木枋平均負擔重量，所以在改建拆內牆時就要特別小心加固．否則會出結構性問題．也由于它的中間部分比較"空心"，容易有樓板彈動的現象．如果承受力不夠的話，需要在下面增加支撐才行．

3、平臺式框架 (Platform frame)：

這是現在最普便采用的結構．最大的特點是每一層的構架都是完整獨立的．上一層
是建在下一層的平臺之上．是一種比較理想的結構方式．

VI. 應該加涂縫膠的地方 (Caulking):

　　雖然加涂縫膠不是什麼難事，可是它的作用很大。防水防風，保護房屋的木結構。如果長期受到忽略，可能內部已經有了損害。下面圖標之處要小心查看。

浴室內:

室外部分:

VII. 門與窗:

　　美國房子的門窗式樣種類繁多，材料、質量、價格以及安裝難易程度相差很大。除了質量的考慮之外，最重要的就是看它是否有變形的問題。試試看開關是否順暢。因為變形與否不僅僅是門窗的問題，更說明了整個房子是否平正。如果整個房子變形，門窗就會開關不順。

　　另外，門窗的保溫性能也是驗屋的一個重要環節。如果是在冬天驗屋，有一個簡單的方法：事先準備一細長條單層的紙面巾 (facial tissue)，把它平舉在門窗的邊緣。如果它有被風吹動的話，就說明漏風、保溫不善。如果是密封膠條老化變質，需要更換；如果是新門窗，則可能是屬于產品質量問題，或是安裝不善所致。

防風門 (Storm door):

　　這是裝在進出門外面的金屬門。打開後會自動慢慢關緊。有了防風門，對里面門有很好的保護作用。有的上半截是紗窗，夏天有利于通風。

正門 （Entry door）：

正門的式樣、質地、形狀很多。價格的差別也很大，從百來元至幾千元都有。正門的式樣與整個房子的風格要協調，否則會顯得不倫不類的。當然，質量和保養最重要。正門有問題是令人頭痛的。修理或更換都可能是很大的開銷。

正門　　　　　　　　　平推玻璃門　　　　　　　　　鉸聯玻璃門

平推玻璃門 (Sliding doors)：

這種門不但景觀好、也方便于調節通風。由于是平推，特別適宜空間有限的地方。但是它只能打開一半。

鉸聯玻璃門 (Hinged patio doors)：

這種門看上去比較傳統式，顯得莊重。但是要有足夠的空間以供打開。以上兩種門常用在通往陽臺、露臺的門口。

壁櫥門種類:

雙向折疊門 (Bifold doors):

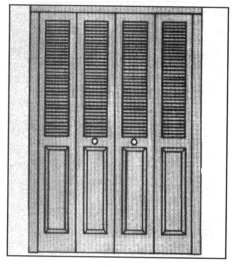

這種門的好處是可以雙向完全打開，而且不占空間。缺點是不太經受得住粗魯的使用。有時會脫軌出問題。這種門大多數是百葉式的，擦拭也比較費時。

鉸聯式雙門 (Hinged doors):

也可以完全打開，而且不易出毛病。缺點是打開時比較占空間。

單向塑膠折疊門 (Folding door):

可以完全打開，而且容易擦拭。但是不結實，也不太好看。顯得比較不正式。

常見窗戶種類:

搖開式 （Casement window):

這種窗戶是靠手柄搖開的。它的景觀開闊、通風完全、型狀簡練大方，看上去比較摩登。很多的新建築都采用它。缺點是手柄機械部分會漸漸磨損。如果不每年加油潤滑的話，會容易出毛病。注意: 有一種老式鐵制的密封不好，保溫性能很差，又容易出毛病。應該盡快撤換。如果驗屋時見到，就應該考慮撤換所需的花費。

雙懸掛式 (Double-hung windows):

這是一種常用的上下推拉開關的兩扇式窗。傳統式樣，比較莊重。但是只可以打開一半，景觀及通風也只有一半的效果。注意: 舊式的是用綫 (pulley) 懸墜的重錘來控制窗扇上下的，容易出毛病。新式的是用一種彈簧裝置控制，比較可靠。舊式的遲早是要撤換的。

　　有一點是肯定的: 新式的窗戶要好過舊式的。當然，產品的質量也要可靠才行。

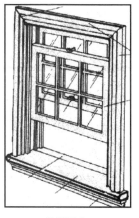

雙懸掛式

海灣窗 (Bay windows/Bow windows):

      有時也叫花園窗 (Garden windows)。這種窗戶比較貴, 會使房間顯得比較大些。同時有一種引人注目的效果, 使整個廳內有一個視力的聚焦點。有利于增加情調。由于這種窗寬闊, 景觀當然也優美。另外, 它的大面積窗臺也容易擺設植物或工藝品之類。只有三扇的叫 Bay, 四扇以上的叫 Bow。

撐開式 (Awning windows):

　　類似搖開式的, 這種窗戶也是用搖柄控制、可以完全打開的. 通風特別好, 甚至在下雨時也可以打開. 通常用于浴室、廚房等處加強通風. 但是要小心: 這種窗戶最好是裝在高處, 以免人撞到頭. 再有就是搖柄也容易出毛病.

平推式 (Sliding windows):

　　類似平推門, 它的缺點是只可以打開一半. 而且如果人站的距離或角度不合適的話, 會不好出力打開它. 優點是不易變形, 保溫性好.

天窗 (Skylight):

　　自然采光效果特別好，尤其是在冬天。如果是可以打開的，對空氣流通很有利。夏天打開會使上升的熱空氣流走，室內降溫。注意：這種窗裝得不好的話，會漏水到室內，很難修理。驗屋時要小心查看其下邊有無漏水的痕迹。